Michael Schilde

# Einfach digital erfolgreich

Ein Praxisbuch für KMU, Coaches, Trainer & Berater.

**Für Fragen und Anregungen:** buch@schilde.eu


Druck und Vertrieb im Auftrag des Autors:
Buchschmiede von Dataform Media GmbH
Julius-Raab-Straße 8, 2203 Großebersdorf, Österreich

www.buchschmiede.at - Folge deinem Buchgefühl!
Kontaktadresse nach EU-Produktsicherheitsverordnung: info@buchschmiede.at

ISBN:
978-3-978-3-99192-077-9 (Paperback)
978-3-978-3-99192-075-5 (Hardcover)
978-3-978-3-99192-076-2 (E-Book)



Die in diesem Buch genannten Produkte, Marken und Software-Tools dienen ausschließlich der Veranschaulichung. Abgesehen vom Affiliate-Programm der Firma Zoho stehe ich in keinerlei geschäftlicher oder vertraglicher Verbindung zu den genannten Unternehmen oder deren Produkten. Dieses Affiliate-Verhältnis beeinflusst meine Darstellungen und Bewertungen nicht. Alle Beschreibungen, Bewertungen und Hinweise zu möglichen Schwächen oder Problemen einzelner Softwarelösungen, geben den Stand zum Zeitpunkt der Erstellung dieses Buches wieder und sind ausschließlich meine persönliche Einschätzung. Es kann nicht garantiert werden, dass diese zum Zeitpunkt des Lesens noch bestehen.

Die Darstellungen sind allgemeiner Natur und ersetzen keine individuelle Beratung. Jeder Einzelfall muss gesondert geprüft werden. Dieses Buch stellt weder eine Rechtsberatung noch eine individuelle betriebswirtschaftliche oder technische Beratung dar. Es erhebt keinen Anspruch auf Vollständigkeit und kann die persönliche Beratung durch qualifizierte Fachleute nicht ersetzen. Es handelt sich ausdrücklich nicht um eine Empfehlung zur Nutzung oder Nichtnutzung bestimmter Produkte. Eine Haftung für Folgen aus der Verwendung der im Buch erwähnten Informationen wird ausgeschlossen.

Einige in diesem Buch dargestellte Beispiele und Fallbeschreibungen basieren auf realen Erfahrungen und tatsächlichen Projekten. Um die Vertraulichkeit zu wahren und Persönlichkeitsrechte zu schützen, wurden Namen, Details und Rahmenbedingungen teilweise geändert oder anonymisiert. Die Grundaussagen und fachlichen Inhalte bleiben davon unberührt.

Dieses Buch wurde mit Unterstützung von KI erstellt. Die Endkontrolle und die Verantwortung für sämtliche Inhalte liegen jedoch ausschließlich beim Autor. Alle erwähnten Marken, Produktnamen und Logos sind Eigentum der jeweiligen Rechteinhaber. Durch die Nennung wird kein Anspruch auf diese Marken erhoben.

# Inhalt

# Vorwort

Als ich meine Selbstständigkeit startete, war ich überzeugt: Mit meiner Erfahrung und Leidenschaft für digitale Themen würde es mir leichtfallen, mein Business effizient zu führen. Schon früh hatte ich meine Begeisterung für Technik entdeckt: an der HTL für Nachrichtentechnik und Informatik, wo ich programmierte, Netzwerke aufbaute und Lösungen entwickelte, die ihrer Zeit oft voraus waren. Doch schon damals wurde mir klar: Technik allein reicht nicht, wenn die Struktur fehlt.

Später studierte ich Betriebswirtschaft mit Fokus auf Algorithmen, Prozesslogik und Entscheidungsmodelle. Ich wollte verstehen, wie sich Technik und Organisation so verbinden lassen, dass sie im Alltag wirklich funktionieren. Dieses Zusammenspiel prägt bis heute meine Arbeit.

Und trotzdem: Als ich dann selbst als Berater startete, merkte ich schnell, dass Theorie und Praxis zwei verschiedene Welten sind. Trotz Know-how, Tools und klarer Strategien verlor ich mich in Aufgaben, Lizenzen und To-dos, immer auf der Suche nach der nächsten glänzenden Lösung. Ich weiß also aus eigener Erfahrung, wie es sich anfühlt, im digitalen Dschungel zu stehen und den Überblick zu verlieren.

Diese Erkenntnis hat mich viel Zeit, Geld und Energie gekostet. Aber genau dadurch habe ich herausgefunden, worauf es wirklich ankommt, und was dir als Coach, Trainer oder Berater sofort hilft: Nicht das Tool entscheidet, sondern die Struktur dahinter. Erst wenn Prozesse klar sind, entfaltet Digitalisierung ihre volle Wirkung.

Heute bin ich zertifizierter Digitalberater und begleite Unternehmer dabei, ihre Abläufe zu vereinfachen, ihre Produktivität zu steigern und mehr Freiraum für das Wesentliche zu gewinnen. Aus unzähligen Projekten weiß ich: Fortschritt entsteht nicht durch große Sprünge, sondern durch kleine Schritte mit System.

Genau diese Abkürzungen möchte ich in diesem Buch mit dir teilen. Es ist kein theoretischer Ratgeber, sondern ein praxisorientiertes Buch für Einsteiger und leicht Fortgeschrittene, geschrieben aus Erfahrung, gespickt mit Beispielen und so aufgebaut, dass du direkt ins Handeln kommst.

Vielleicht wunderst du dich, dass ich dich in diesem Buch duze. Das ist kein Stilbruch und keine Respektlosigkeit - im Gegenteil. Ich weiß, dass viele Menschen das »*Sie*« als Zeichen von Wertschätzung und professioneller Distanz verstehen. Mir geht es jedoch um echte Verbindung und Verständlichkeit. Dieses Buch soll dich begleiten, nicht belehren. Das »*Du*« steht hier für Augenhöhe, Pragmatismus und den gemeinsamen Weg, die digitale Arbeit zu vereinfachen. Wenn du dich mit dem »*Sie*« wohler fühlst, lies das »*Du*« einfach als ein kollegiales »*Sie*« - der Inhalt bleibt derselbe.

Mein Ziel: Dir zu zeigen, wie du in drei klaren Schritten dein Business digitaler, effizienter und erfolgreicher machst. Ohne Technikfrust, sondern mit Struktur und Klarheit. Damit du dich wieder auf das konzentrieren kannst, wofür du angetreten bist: Menschen zu helfen, Wissen zu teilen und echte Wirkung zu erzielen.

Dieses Buch soll dich nicht mit Vollständigkeit beeindrucken, sondern mit Wirkung. Es ist bewusst schlank gehalten und konzentriert sich auf die 20 Prozent der Themen, die dir 80 Prozent der Ergebnisse bringen. Alles, was dich ablenkt oder nur theoretischen Mehrwert liefert, habe ich weggelassen. Was du hier liest, ist gefiltert, erprobt und auf das Wesentliche reduziert - damit du ins Tun kommst und schnell sichtbare Fortschritte erzielst.

Lass uns gemeinsam den ersten Schritt gehen.

Zur besseren Lesbarkeit verwende ich im Buch durchgehend die männliche Form, etwa »*Berater*« oder »*Unternehmer*«. Gemeint sind selbstverständlich immer alle Menschen, unabhängig von Geschlecht oder Identität. Sprache soll hier nicht ausgrenzen, sondern Verständlichkeit und Lesefluss fördern.

An manchen Stellen spreche ich von »*Team*« oder »*Mitarbeitern*«. Lass dich davon nicht irritieren. Die Prinzipien und Werkzeuge gelten genauso, wenn du solo arbeitest. Digitalisierung beginnt nicht mit Größe, sondern mit Klarheit.

Auch als Einzelunternehmer kannst du viele Impulse direkt umsetzen.

Am Ende des Buches findest du ein Glossar, in dem zentrale Begriffe, Abkürzungen und Fachausdrücke erläutert sind, falls dir einzelne Begriffe beim Lesen noch nicht vertraut sein sollten.

Damit du die Inhalte dieses Buches noch einfacher praktisch nutzen kannst, gibt es eine begleitende Webseite zum Buch.

https://www.schilde.eu/r/nNT

Scanne einfach den QR-Code oder tippe die Adresse in deinen Browser ein, um die Seite zu öffnen. Dort findest du die Materialien, Checklisten, Tool-Tipps und Vorlagen, die dir den Einstieg erleichtern und regelmäßig aktualisiert werden. So bleibt das Buch lebendig und wächst mit der Praxis.

# 1

# Warum Digitalisierung jetzt zählt

# Der Status quo im Alltag von Coaches, Trainern und Beratern

Wer als Coach, Trainer oder Berater ein kleines oder mittleres Unternehmen führt, kennt das tägliche Spannungsfeld nur zu gut. Einerseits brennt die Leidenschaft für die eigentliche Arbeit: Menschen begleiten, Wissen vermitteln, Veränderung anstoßen. Andererseits türmen sich die unsichtbaren Aufgabenberge, die nichts mit dieser Kernarbeit zu tun haben. Statt sich voll auf Kunden und Inhalte konzentrieren zu können, fühlen sich viele gefangen in einem Netz aus Administration, Kleinarbeit und ständiger Erreichbarkeit.

Ein klassischer Wochenstart zeigt das Problem deutlich: Der Montagmorgen beginnt mit einem überquellenden Posteingang. Zwischendurch trudeln Nachrichten über drei verschiedene Messenger ein, in denen Kunden Termine verschieben oder neue Anfragen stellen. Die Rechnungen vom Vormonat sind noch nicht geschrieben, und irgendwo auf dem Schreibtisch liegt ein Zettel mit wichtigen Notizen, die dringend bearbeitet werden müssen. Und obwohl am Vormittag ein wichtiges Coaching ansteht, kreisen die Gedanken eher darum, ob die Reisekostenabrechnung schon erledigt und ob der Vertrag für den neuen Kunden rechtzeitig zurückgekommen ist.

Das eigentliche Problem ist dabei nicht fehlender Einsatz. Viele Coaches, Trainer und Berater arbeiten mehr als genug Stunden. Sie übernehmen gleich mehrere Rollen gleichzeitig: Sie sind Experten für ihr Thema, Verkäufer für ihre Angebote, Marketingverantwortliche, Buchhalter und Kundenbetreuer in einer Person. Der Engpass liegt darin, dass diese Rollen ineffizient organisiert sind. Jeder Sprung zwischen Aufgaben kostet Energie, und der verlorene Überblick sorgt für Stress. Und weil es keinen klaren Rahmen gibt, laufen viele im Dauer-Feuerwehr-Modus: ständig reagieren, selten gestalten.

In der Praxis äußert sich das in drei immer wiederkehrenden Mustern. Erstens: Kommunikation ist fragmentiert. Kunden melden sich über E-Mail, WhatsApp, LinkedIn oder telefonisch.

Informationen gehen dabei öfter verloren, Aufgaben werden doppelt erledigt oder komplett vergessen. Zweitens: Die Verzettelung in Routineaufgaben frisst Zeit. Eine Rechnung hier, eine Terminabstimmung dort, ein Dokument ablegen, eine kleine Erinnerung verschicken. Für sich genommen Kleinigkeiten, in Summe jedoch Stunden, die jede Woche verloren gehen. Und drittens: Mangel an Transparenz. Wenn Aufgaben im Kopf, in Notizbüchern und in Postfächern verteilt sind, fehlt der Überblick. Niemand weiß genau, wo welches Projekt steht, und die Gefahr, wichtige Schritte zu übersehen, steigt.

Viele KMU im Coaching- und Beratungsumfeld arrangieren sich mit diesem Zustand. Sie kennen es nicht anders und nehmen das ständige Jonglieren als Teil des Jobs hin. Doch in Wahrheit verhindert es Wachstum und frisst die Energie, die eigentlich für Kundenarbeit gebraucht wird.

Dabei zeigt der Blick auf aktuelle Zahlen deutlich, wie viel Nachholbedarf besteht: Nur rund 58 Prozent der österreichischen KMU erreichen derzeit ein Grundniveau digitaler Intensität. Das EU-Ziel liegt bei 90 Prozent bis 2030[1]. Noch drastischer ist der Rückstand bei moderner Technologie: Nur 11 Prozent der heimischen Unternehmen nutzen heute KI-Anwendungen, und 24 Prozent werten ihre Daten systematisch aus. Wer also glaubt, der eigene Rückstand sei »*normal*«, liegt richtig, aber das darf kein Grund sein, nichts zu ändern.

Noch vor einigen Jahren war es völlig normal, Rechnungen manuell in Word zu schreiben und Excel-Tabellen als Allzwecklösung für Planung und Controlling zu nutzen. Damals war das Geschäftsumfeld langsamer, Kunden hatten weniger Kommunikationskanäle, und auch die Erwartungen an Schnelligkeit waren niedriger. Doch die heutige Realität ist eine andere.

Zeit ist inzwischen das knappste Gut geworden. In einer Welt, in der Nachrichten in Sekunden übermittelt werden und Informationen jederzeit abrufbar sind, erwarten Kunden prompte

---

[1] Quelle: Bundeskanzleramt / Digital Austria »*Digitale Dekade: Der österreichische Weg. Aktualisierung 2024*« - https://www.schilde.eu/r/MfC

Antworten, einfache Buchungsprozesse und professionelle Abläufe. Wer zwei oder drei Tage braucht, um eine Anfrage zu beantworten, gilt nicht mehr als gründlich, sondern als unzuverlässig. Jede Stunde, die durch manuelle Administration verloren geht, ist eine Stunde, die nicht in echte Wertschöpfung investiert werden kann, egal ob Coaching, Training oder Beratung. Und dieser Zeitverlust hat direkte finanzielle Folgen.

Ein kleines Rechenbeispiel macht die Dimension sichtbar: Wer im Schnitt nur zehn Terminabstimmungen pro Monat manuell per E-Mail erledigt, verliert dadurch etwa zweieinhalb Stunden. Hochgerechnet auf ein Jahr entspricht das fast einer kompletten Arbeitswoche. Eine Woche, die weder Umsatz bringt noch Kunden begeistert.

Doch es geht nicht nur um Zeit und Geld, sondern auch um Nerven. Wer am Abend feststellt, dass eine Kundenanfrage untergegangen ist, weil sie in einem Messenger statt im Mail-Postfach gelandet ist, schläft unruhiger. Wer minutenlang nach dem richtigen Dokument sucht, wird ungeduldig. Für die Steuererklärung erst mühsam die alten Rechnungen zusammensuchen zu müssen, verursacht Stress und kostet Energie, die dann in den Coachings oder Trainings fehlt.

Das Tückische daran ist, dass sich viele Unternehmer an dieses Chaos gewöhnt haben. Sie nehmen es als gegeben hin und stellen es nicht mehr infrage. Doch gerade heute wäre es einfacher denn je, Routineaufgaben zu automatisieren, Kommunikation zu bündeln und Prozesse digital zu organisieren.

Die sichtbaren Kosten sind schnell erkennbar: verlorene Zeit, entgangene Umsätze, zusätzlicher Stress. Doch die wirklich gefährlichen Kosten sind die versteckten, die sich erst langfristig bemerkbar machen.

Wenn Anfragen nicht rechtzeitig beantwortet werden, wenden sich Interessenten an andere Anbieter. In einer Branche, in der Vertrauen und schnelle Reaktion entscheidend sind, ist jeder verpasste Kontakt ein potenziell verlorener Kunde. Das Gleiche gilt für Marketing: Wer sich nicht digital sichtbar macht, verschenkt Reichweite und damit Chancen auf Wachstum.

Ein weiteres Problem sind Skalierungsbarrieren. Manuelle Prozesse funktionieren vielleicht mit fünf Kunden gleichzeitig, aber nicht mit fünfzig. Irgendwann stößt jeder an seine Kapazitätsgrenze. Ohne Digitalisierung wächst das Business nur, wenn der Unternehmer selbst immer mehr Stunden investiert. Digitale Prozesse hingegen schaffen Strukturen, die mitwachsen können, ohne dass der persönliche Einsatz ins Unermessliche steigt.

Hinzu kommt das erhöhte Fehlerpotenzial. Unter Stress passieren Fehler: Rechnungen werden falsch ausgestellt, Termine doppelt vergeben, wichtige Dokumente vergessen. Solche Fehler kosten nicht nur Zeit, sondern schädigen auch das Vertrauen der Kunden. In einem Umfeld, in dem Professionalität ein zentrales Qualitätsmerkmal ist, kann schon ein kleiner Ausrutscher große Wirkung haben.

Auch für kleine Teams ist die fehlende Digitalisierung problematisch. Mitarbeiter, die ihre Energie damit verschwenden, Excel-Listen zu pflegen oder E-Mails endlos hin und her zu schicken, statt ihre eigentlichen Kompetenzen einzusetzen, werden frustriert. Gerade jüngere Generationen erwarten moderne Arbeitsumgebungen, in denen digitale Tools selbstverständlich sind. Wer das nicht bietet, riskiert, gute Leute zu verlieren.

Und schließlich bedeutet die fehlende Digitalisierung einen klaren Wettbewerbsnachteil. Kunden vergleichen Anbieter heute nicht nur nach Kompetenz, sondern auch nach dem Erlebnis der Zusammenarbeit. Wer digitale Prozesse nutzt, wirkt schneller, professioneller und zuverlässiger. Wer zurückbleibt, riskiert, als altmodisch oder unorganisiert wahrgenommen zu werden. Auch dann, wenn er inhaltlich hervorragend arbeitet.

Digitalisierung ist kein Luxus für große Unternehmen. Sie ist die Grundlage dafür, dass Coaches, Trainer und Berater ihre eigentliche Arbeit in den Mittelpunkt stellen können. Wer darauf verzichtet, bleibt im Hamsterrad aus Kleinarbeit und Chaos gefangen, verliert Geld durch Ineffizienz und riskiert, von agileren Wettbewerbern überholt zu werden.

Die wirtschaftliche Bedeutung ist längst messbar: 77 Prozent der mittelständischen Unternehmen nennen Automatisierung heute als zentralen Investitionsschwerpunkt, und 60 Prozent der mittelständischen IT-Unternehmen erwarten dadurch direktes Umsatzwachstum. Trotzdem planen nur etwa 22 Prozent der KMU konkrete höhere Digitalisierungsinvestitionen. Ein klares Zeichen, wie viel Potenzial ungenutzt bleibt[2].

Der Gewinn von digitalisierten Prozessen lässt sich in drei Wörter fassen: Produktivität, Professionalität und Potenzial. Produktivität, weil weniger Zeit durch Routineaufgaben verloren geht. Professionalität, weil Kunden reibungslose Abläufe erleben. Und Potenzial, weil Wachstum möglich wird, ohne dass die Arbeitsstunden ins Unendliche steigen.

## Chancen durch digitale Prozesse

Anna ist seit fünf Jahren selbstständig als Coachin. Ihre Arbeit läuft gut. Zufriedene Kunden, volle Auftragsbücher, stetige Empfehlungen. Und doch beginnt jeder Montag für sie gleich: Sie kommt ins Büro, macht sich einen Kaffee, öffnet den Laptop, und der Plan, sich heute ganz auf die Vorbereitung ihres nächsten Coachings zu konzentrieren, ist nach fünf Minuten dahin.

Im Posteingang stapeln sich Mails. Drei Kunden wollen Termine verschieben. Eine Rechnung ist überfällig. Die Unterlagen für das neue Projekt liegen irgendwo zwischen Desktop-Ordnern, der Cloud und Papierstapeln verteilt. Bevor Anna überhaupt richtig in ihre eigentliche Arbeit findet, ist der Vormittag vorbei. Und mit ihm die Energie, die sie eigentlich für ihre Klienten bräuchte.

Jetzt stell dir die gleiche Szene einige Monate später vor.

Anna hat ihre Abläufe Schritt für Schritt digitalisiert: Termine werden automatisch über ein Buchungstool angepasst, Rechnungen gehen nach festen Regeln raus, und alle

---

[2] Quelle: LBBW-Mittelstandsradar 2025: *»Mittelstand zögert bei Investitionen«* - https://www.schilde.eu/r/Qr5

Projektdokumente liegen zentral in einer Cloud, auf die ihr kleines Team jederzeit zugreifen kann.

Anstatt zwei Stunden mit Organisation beschäftigt zu sein, sitzt Anna nach zehn Minuten mit klarem Kopf am Schreibtisch. Bereit für das, was sie wirklich liebt: Menschen begleiten, Wachstum anstoßen, Wirkung erzielen.

Diese Veränderung ist kein Zufall. Sie zeigt, was Digitalisierung im Alltag tatsächlich bedeutet: weniger Reibung, mehr Fokus, mehr Zeit für das Wesentliche.

Annas Geschichte wird uns im Verlauf dieses Buches immer wieder begegnen. Als roter Faden, an dem wir sehen, wie sich digitale Prozesse Schritt für Schritt in der Praxis umsetzen lassen. Was bei ihr funktioniert, kann auch bei dir funktionieren. Denn die Chancen liegen nicht in der Technik allein, sondern in klaren Strukturen, die dir helfen, dein Unternehmen so zu gestalten, dass es für dich arbeitet. Nicht gegen dich.

Die wohl bedeutendste Chance liegt in der Effizienzsteigerung. Digitalisierung bedeutet nicht, härter zu arbeiten oder mehr Aufgaben zu übernehmen. Im Gegenteil: Sie hilft, dieselbe Arbeit in weniger Zeit zu schaffen oder mit dem gleichen Aufwand deutlich mehr Wirkung zu erzielen.

Kleine Zeiteinsparungen akkumulieren sich schnell: Wie wir gesehen haben, addieren sich schon wenige Stunden pro Woche zu vollen Arbeitswochen pro Jahr. Zeit, die plötzlich frei wird für zusätzliche Aufträge, Weiterbildung oder schlicht für mehr Ruhe.

Das Spannende ist: In solchen Prozessen steckt fast immer ein enormes Einsparpotenzial. Viele Aufgaben sind wiederkehrend: Rechnungen, Terminabsprachen, Status-Updates. Wenn du sie einmal automatisierst, sparst du Woche für Woche Zeit. Und Zeit ist in diesem Geschäft immer auch Geld.

Doch es geht nicht nur um Zeit. Digitale Prozesse schaffen auch Qualität. Eine automatisierte Rechnung enthält keine Tippfehler. Ein Buchungssystem vergisst keinen Termin. Ein Cloud-Ordner geht nicht verloren, wenn dein Laptop gestohlen wird. Die Fehlerquote sinkt, die Professionalität steigt und damit auch das Vertrauen deiner Kunden.

Ein weiterer großer Vorteil digitaler Prozesse ist die Flexibilität. Gerade im Coaching- und Trainingsbereich ist kein Tag wie der andere. Kunden ändern Termine, Projekte entwickeln sich schneller oder langsamer als geplant, und manchmal kommt ein neues Angebot spontan hinzu. Wer alles manuell organisiert, hat kaum Spielraum, flexibel zu reagieren.

Mit digitalen Tools wird es plötzlich einfach. Stell dir vor, ein Kunde bucht einen neuen Termin. Statt endlose E-Mail-Schleifen zu führen, sieht er online, welche Termine frei sind, und bucht direkt. Dein Kalender passt sich automatisch an, ohne dass du auch nur eine Mail tippen musst.

Und dieser Effekt hört nicht bei der Flexibilität auf. Digitalisierung entkoppelt Wachstum von Arbeitslast. Solange du jeden Prozess selbst bedienst, wächst mit jedem neuen Kunden auch deine To-do-Liste. Mit den richtigen Tools ist es egal, ob zehn oder hundert Kunden durch dein System laufen. Die Logik bleibt dieselbe.

Im heutigen Markt reicht es nicht, gute Inhalte zu haben. Kunden vergleichen schneller, erwarten kürzere Reaktionszeiten und wollen einfache, transparente Abläufe. Hier verschafft dir Digitalisierung einen Vorsprung, der oft den Unterschied zwischen »*Anfrage verloren*« und »*Auftrag gewonnen*« macht.

Gerade Angebotsprozesse sind ein anschauliches Beispiel: Wer mehrere Tage braucht, um ein Angebot zu erstellen, verliert viele Interessenten schon, bevor sie das Dokument überhaupt lesen. Mit digitalen Tools lassen sich einfach noch am selben Tag, saubere Angebote verschicken. Die Wirkung: mehr Geschwindigkeit, mehr Vertrauen, mehr Abschlüsse.

Transparenz spielt auch intern eine Schlüsselrolle. Gerade kleine Teams geraten oft ins Stolpern, wenn Informationen in Köpfen oder Postfächern festsitzen. Mit Projektmanagement-Tools oder einer gemeinsamen Cloud weiß jeder jederzeit, wo das Team steht. Das reduziert Rückfragen, verhindert Doppelarbeit und lässt Kunden erleben, dass Projekte strukturiert und professionell laufen.

Am Ende laufen all diese Chancen, Effizienz, Flexibilität, Wettbewerbsvorteile, auf einen Punkt hinaus: Digitalisierung schenkt Freiraum.

Wenn Anna heute auf ihren Arbeitsalltag blickt, muss sie manchmal schmunzeln. »*Früher war mein Tag ein Wettlauf gegen die Uhr*«, sagt sie. »*Heute erledigen Systeme im Hintergrund vieles automatisch. Und ich kann abends tatsächlich den Laptop schließen, ohne schlechtes Gewissen.*«

Was für sie früher unerreichbar schien, ist heute Realität: Prozesse laufen, Kunden sind gut betreut, Rechnungen gehen raus, ohne dass sie jeden Handgriff selbst erledigen muss. Digitalisierung bedeutet für Anna nicht mehr Arbeit, sondern endlich mehr Freiheit.

Genau darum geht es. Digitalisierung ist kein Selbstzweck. Es geht nicht darum, ständig das neueste Tool auszuprobieren, sondern darum, dein Unternehmen so zu strukturieren, dass es für dich arbeitet. Nicht gegen dich.

Vielleicht fragst du dich an dieser Stelle: »*Klingt gut, aber wo soll ich anfangen? Ich habe doch schon so viel um die Ohren.*« Die gute Nachricht: Du musst nicht alles auf einmal digitalisieren. Es reicht, Schritt für Schritt vorzugehen. Schon kleine Veränderungen können große Wirkung haben.

Selbst die Einführung eines einzelnen, gezielten Tools kann spürbare Freiräume schaffen. Denke an die zuvor erwähnten Prinzipien der Skalierung: Findest du zwei oder drei solche Hebel, verändert das dein Business spürbar.

Die Chancen der Digitalisierung sind real und greifbar. Sie liegen nicht in einer fernen Zukunft, sondern genau hier. Im Alltag jedes kleinen und mittleren Unternehmens. Es geht darum, die wiederkehrenden Aufgaben, die dich bremsen, so zu organisieren, dass du dich wieder auf das konzentrieren kannst, was du am besten kannst: Menschen unterstützen, Veränderungen anstoßen und echte Ergebnisse erzielen.

# Die drei Schritte zum Erfolg

Wenn wir über Digitalisierung sprechen, klingt es oft so, als ginge es um ein gigantisches Projekt mit endlosen Baustellen. Viele Unternehmer schrecken deshalb zurück: zu komplex, zu teuer, zu viel Aufwand. Doch in Wahrheit ist der Weg einfacher, als es scheint. Es braucht keine hochtrabenden Strategiepapiere oder ein ganzes IT-Team. Drei klare Schritte reichen, um den entscheidenden Unterschied zu machen: Prozesse verstehen, die richtigen Werkzeuge auswählen und konsequent umsetzen.

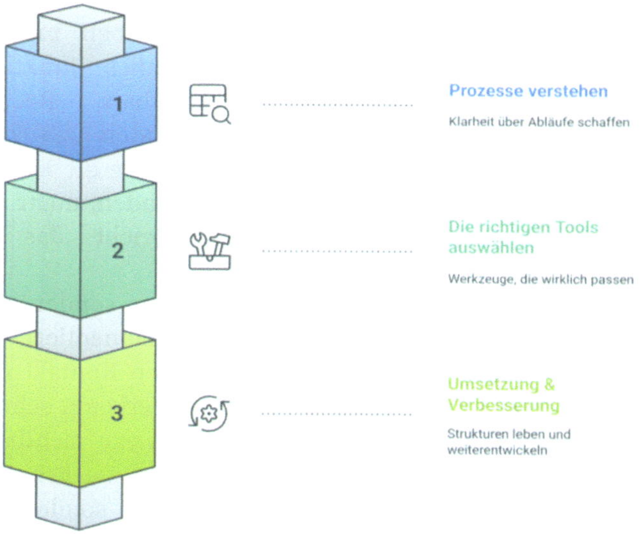


**Die drei Schritte zum Erfolg:** Digitalisierung wird einfach, wenn du sie strukturiert angehst: Erst die Prozesse verstehen, dann die richtigen Tools wählen, schließlich konsequent umsetzen und verbessern. Diese drei Schritte bilden dein Navigationssystem durch das Buch.

Die Reihenfolge ist entscheidend. Viele stürzen sich sofort auf Tools. Sie kaufen Softwarelizenzen, probieren neue Apps aus, basteln Integrationen. Nur um nach ein paar Monaten festzustellen, dass das Chaos größer geworden ist. Technik kann ihre Stärke erst entfalten, wenn sie auf klaren Strukturen aufsetzt.

Deshalb beginnt der Weg immer mit dem ersten Schritt: Klarheit über die eigenen Prozesse gewinnen.

## Schritt 1: Klarheit über Prozesse gewinnen

Stell dir vor, dein Unternehmen wäre ein Haus. Bevor du neue Möbel kaufst, musst du wissen, wie groß die Räume sind, wofür sie genutzt werden, wo die Türen und Fenster sind und in welche Richtung sie geöffnet werden. Erst dann macht es Sinn, sich Gedanken über Einrichtung und Dekoration zu machen. Prozesse sind die Grundrisse deines Unternehmens. Ohne sie wird jedes Tool zum Fremdkörper.

Viele Coaches, Trainer und Berater haben nie bewusst aufgeschrieben, wie ihre Abläufe eigentlich funktionieren. Termine werden »*irgendwie*« vereinbart, Rechnungen »*irgendwann*« geschrieben, Kundendaten »*irgendwo*« gespeichert. Im Alltag funktioniert das, solange die Komplexität überschaubar bleibt. Doch sobald mehr Kunden, mehr Projekte und mehr Aufgaben dazukommen, bricht das System auseinander.

Die Lösung beginnt nicht mit einer Software, sondern mit einer weißen Seite. Wer Schritt für Schritt dokumentiert, wie ein typischer Kundenprozess abläuft, vom ersten Kontakt über das Onboarding bis hin zur Rechnungsstellung, erkennt schnell zwei Dinge: Zum einen werden unnötige Umwege sichtbar. Zum anderen entsteht ein gemeinsames Verständnis. Prozesse sind dann nicht mehr nur im Kopf des Inhabers, sondern für alle nachvollziehbar.

Mein Tipp an dieser Stelle: Nimm dir bewusst Zeit, deine Kernprozesse zu dokumentieren. Es reicht, mit drei oder vier Abläufen anzufangen, etwa Neukundengewinnung, Terminorganisation, Rechnungsstellung und Projektabwicklung. Schreibe sie so auf, dass auch ein neuer Mitarbeiter sie verstehen würde. Du wirst überrascht sein, wie viele kleine Stolperfallen sichtbar werden.

Diese Klarheit ist der erste und wichtigste Schritt. Sie schafft die Basis, auf der Digitalisierung wirken kann.

## Schritt 2: Die richtigen Tools wählen

Erst wenn die Prozesse klar sind, stellt sich die Frage nach den passenden Werkzeugen. Und hier liegt eine der größten Fallen: der Drang, sofort das vermeintlich »*beste*« Tool auf dem Markt zu kaufen. Viele kennen das Gefühl, von einem neuen Tool begeistert zu sein. Es wirkt elegant, modern, vielversprechend. Doch ohne klares Ziel bleibt es ein weiteres Puzzleteil, das nirgendwo richtig hineinpasst.

Das Entscheidende ist nicht, ein Tool zu finden, das alles kann. Viel wichtiger ist, ein Werkzeug zu wählen, das zu deinen Prozessen passt. Es sollte so intuitiv sein, dass du und dein Team es gerne benutzen. Und es sollte dir helfen, deine Abläufe einfacher, schneller und transparenter zu machen.

Es gibt heute unzählige Möglichkeiten: von schlanken Apps für Selbstständige bis hin zu komplexen All-in-One-Lösungen. Die Gefahr besteht darin, sich im Dschungel zu verlieren. Deshalb empfehle ich, bei der Auswahl drei Fragen im Hinterkopf zu behalten: Passt das Tool zu meinen dokumentierten Prozessen? Nimmt es mir Arbeit ab, statt neue Arbeit zu schaffen? Und ist es flexibel genug, um mit meinem Unternehmen mitzuwachsen? Wenn du diese Fragen ehrlich beantwortest, wird die Wahl einfacher.

Die Erfahrung zeigt: Weniger ist oft mehr. Lieber drei Tools, die konsequent genutzt werden, als zehn, die jeder nur halb versteht.

## Schritt 3: Umsetzung und kontinuierliche Verbesserung

Viele Unternehmer schaffen es bis zur Tool-Auswahl, doch dann scheitert es an der Umsetzung. Ein Tool zu kaufen, bedeutet noch lange nicht, dass es im Alltag funktioniert. Der eigentliche Erfolg entsteht erst, wenn die Abläufe im Team gelebt werden. Tag für Tag, Schritt für Schritt.

Ein typisches Muster: Neue Systeme werden zwar eingeführt, aber nicht konsequent genutzt. Kundendaten landen weiter in

Excel-Tabellen, obwohl ein CRM-System, also eine Software zur Verwaltung von Kundenkontakten, Angeboten, Kommunikation und Projekten, vorhanden ist. Dokumente liegen weiterhin verstreut, obwohl eine zentrale Ablage eingerichtet wurde. Das Tool existiert, aber es ist nicht Teil der Routine.

Der Schlüssel liegt darin, klein anzufangen und konsequent dranzubleiben. Ein erster Schritt könnte sein, dass jede neue Kundenanfrage ausschließlich im CRM-System erfasst wird. Ohne Ausnahmen. Ist das zur Gewohnheit geworden, folgt der nächste Schritt, etwa Angebote oder Rechnungen direkt im System zu erstellen. Stück für Stück entwickelt sich so eine neue Arbeitsweise, bis das Tool fester Bestandteil des Alltags ist.

Entscheidend ist außerdem die Haltung der kontinuierlichen Verbesserung. Digitalisierung ist kein Projekt, das einmal abgeschlossen wird. Sie entwickelt sich ständig weiter. Neue Anforderungen entstehen, Tools verändern sich, Kundenbedürfnisse wandeln sich. Deshalb lohnt es sich, regelmäßig innezuhalten und zu prüfen: Funktionieren unsere Abläufe noch so, wie wir sie brauchen? Gibt es Stellen, die wir vereinfachen oder automatisieren können?

## Der rote Faden

Diese drei Schritte bilden den roten Faden, an dem sich dein Weg zur Digitalisierung orientiert: Prozesse verstehen, Tools auswählen, konsequent umsetzen. Jeder Schritt baut auf dem vorherigen auf. Klarheit über Prozesse sorgt dafür, dass du die richtigen Tools auswählst. Die richtigen Tools entfalten ihre Wirkung erst, wenn sie im Alltag konsequent gelebt werden. Und die Umsetzung wird nachhaltig erfolgreich, wenn du dir die Haltung aneignest, kontinuierlich nach Verbesserungen zu suchen.

Das Schöne daran ist: Du musst nicht alles auf einmal umsetzen. Schon kleine Schritte machen einen großen Unterschied. Ein automatisiertes Buchungstool spart dir jede Woche Stunden. Eine zentrale Ablage verhindert, dass du Dokumente suchst. Ein klar definiertes Kunden-Onboarding reduziert Missverständnisse und stärkt die Kundenbeziehung. Jeder einzelne Schritt zahlt sofort auf deine Effizienz ein und baut gleichzeitig die Grundlage für dein zukünftiges Wachstum.

Digitalisierung ist mehr als das Einführen einzelner Tools.

Sie verändert, wie ein Unternehmen denkt, entscheidet und zusammenarbeitet.

Wenn du Prozesse digitalisierst, ordnest du nicht nur Abläufe neu, du stärkst die Fähigkeit deines Unternehmens, sich zu bewegen. Entscheidungen werden transparenter, Wissen bleibt verfügbar, und Zusammenarbeit wird einfacher. Auch über Grenzen hinweg.

So zahlt jeder Schritt, den du digital gehst, auf ein größeres Ziel ein: Ein Unternehmen zu schaffen, das klar, handlungsfähig und anpassungsfähig bleibt, egal, was kommt.

Am Ende dieses Kapitels sollst du wissen: Digitalisierung ist keine Raketenwissenschaft. Sie erfordert keine Spezialkenntnisse und keine riesigen Budgets. Alles, was du brauchst, ist die Bereitschaft, deine Abläufe bewusst anzuschauen, einfache Entscheidungen zu treffen und konsequent dranzubleiben. Mit dieser Haltung wirst du erleben, wie dein Unternehmen produktiver, effizienter und konkurrenzfähiger wird. Nicht irgendwann, sondern jetzt.

## Schritt Null: Zeit schaffen

Wenn du dieses Buch liest, stehst du vermutlich genau in dem Spannungsfeld, das jeden Selbstständigen irgendwann erwischt: Du weißt, dass du etwas ändern musst, aber dir fehlt die Zeit, um dich überhaupt darum zu kümmern.

Dein Kalender ist voll, dein Posteingang quillt über, und du hast das Gefühl, ständig Brände zu löschen. Du willst eigentlich am Fundament arbeiten, aber das Haus brennt.

Das ist kein persönliches Versagen, sondern ein typisches Muster. Digitalisierung klingt in diesem Zustand wie ein zusätzliches Projekt. Also nach noch mehr Arbeit.

Doch bevor du Prozesse analysierst oder Tools vergleichst, brauchst du eines: Luft.

Daher starten wir mit Schritt Null: deinem Rettungspaket für den Feuerwehr-Modus.

In den nächsten 72 Stunden kannst du drei kleine Veränderungen umsetzen, die dir sofort drei bis fünf Stunden pro Woche zurückgeben. Ohne komplizierte Planung, ohne Vorwissen.

Drei Quick Wins, die zeigen, was Digitalisierung im Kern wirklich ist: Entlastung durch Klarheit und Struktur.

## Der 60-Minuten-Termin-Sieg

**Die Situation:**

Termine zu koordinieren, ist einer der größten stillen Zeitfresser. Jeder Termin bedeutet Rückfragen, Abstimmung, Nachhaken.

**Die Lösung:**

Nutze ein Online-Buchungstool wie eTermin.net.

Damit legst du einmal fest, wann du verfügbar bist, und ab dann buchen deine Kunden ihre Gespräche selbst. Keine Schleifen, keine Überraschungen.

**So gehst du vor:**

1. Konto bei eTermin.net anlegen. Das Unternehmen bietet auch Hilfe bei der Ersteinrichtung an.
2. Verfügbare Zeitblöcke definieren.
3. Den Buchungslink in deine E-Mail-Signatur einfügen.

**Ergebnis:**

Du sparst jede Woche mehrere Stunden Abstimmungszeit, wirkst professioneller und hast deinen Kalender endlich im Griff.

## Der 60-Minuten-Finanz-Sieg

**Die Situation:**

Viele Selbstständige erstellen Rechnungen noch in Word oder Excel und verlieren wertvolle Zeit mit Formatierung, Ablage und Kontrolle.

**Die Lösung:**

Steig in einer Stunde auf ein professionelles Faktura-Tool um:

- Österreich: ProSaldo.net
- Deutschland: sevDesk

**So gehst du vor:**

1. Konto anlegen und Stammdaten hinterlegen. Wenn du nicht alles selbst machen möchtest: sowohl ProSaldo.net als auch SevDesk bieten kostenpflichtige Unterstützung für die Einrichtung des Systems an (»*Starthilfe-Paket*« bzw. »*Einrichtungstermin*«).
2. Erste Rechnung erstellen und verschicken.
3. Optional: das Bankkonto verbinden, damit Zahlungseingänge automatisch erkannt werden.

**Ergebnis:**

Saubere Rechnungen, klare Übersicht, weniger Papierchaos. Du sparst Zeit und vor allem Nerven.

## Der 60-Minuten-Fokus-Sieg

**Die Situation:**

Ständige Unterbrechungen zerreißen deinen Arbeitstag. Jede neue Nachricht zieht Aufmerksamkeit ab und kostet Energie.

**Die Lösung:**

Führe eine einfache Fokus-Regel ein: Alle administrativen Aufgaben erledigst du nur in einem festen Zeitfenster, zum Beispiel täglich von 16 bis 17 Uhr. Außerhalb dieses Fensters sind Benachrichtigungen stumm.

**So gehst du vor:**

1. Blocke eine Stunde im Kalender als »*Admin-Zeit*«.
2. Aktiviere den Nicht-stören-Modus außerhalb dieser Zeit.
3. Kommuniziere die Regel klar gegenüber Kunden oder Partnern.

**Ergebnis:**

Du arbeitest konzentrierter, reduzierst Stress und gewinnst mentale Ruhe. Das ist nicht nur Zeitmanagement, sondern Energie-Management.

## Warum das funktioniert

Diese drei Schritte sind klein, aber wirkungsvoll. Sie verändern nicht dein gesamtes System, aber sie verändern, wie du dich darin fühlst. Wer wieder Luft bekommt, denkt klarer, trifft bessere Entscheidungen und hat Kraft für die nächsten Schritte.

Diese Quick Wins sind kein Ersatz für Analyse oder Strategie. Sie schaffen nur die eine Ressource, die du jetzt am dringendsten brauchst: Zeit zum Denken.

Denn, bevor du deinen Kurs festlegst, ist es hilfreich zu wissen, wo du heute wirklich stehst und welche digitalen Hebel du bereits unbewusst nutzt.

## Was du mitnehmen solltest

- Digitalisierung ist kein Zukunftsthema, sondern die Grundlage, um heute produktiver, professioneller und skalierbarer zu arbeiten.
- Sie nimmt dir nicht die Arbeit ab, sondern gibt dir Freiraum für das Wesentliche zurück: deine Kunden und deine Wirkung.
- **Zeit:** Automatisierung reduziert Routineaufgaben und schenkt dir jede Woche wertvolle Stunden.
- **Professionalität:** Klare Prozesse schaffen Verlässlichkeit. Intern und extern.
- **Wachstum:** Digitale Strukturen verhindern, dass dein Geschäft an deiner persönlichen Belastungsgrenze scheitert.

# Sicher digital arbeiten

*Sicherheit klingt oft nach IT-Abteilung. In Wahrheit geht es primär um gesunden Menschenverstand und ein paar einfache Gewohnheiten, die jeder umsetzen kann:*

1. **Passwörter clever organisieren:** Ein guter Passwortmanager merkt sich alles für dich, nicht nur Passwörter. Einmal eingerichtet, ist das Thema erledigt.
2. **Doppelt absichern:** Mit Zwei-Faktor-Log-in (z. B. per App) ist dein Konto auch geschützt, wenn jemand dein Passwort herausfindet.
3. **Aktualisieren statt aufschieben:** Updates schließen Sicherheitslücken. Sie sind weniger lästig, als eine Datenpanne es wäre.
4. **Bewusst speichern:** Nutze seriöse Cloud-Anbieter mit Datenschutz nach EU-Standard, wie IONOS HiDrive. Und bei besonders sensiblen Daten empfiehlt sich eine zusätzliche Verschlüsselung wie Cryptomator.
5. **Kopien und Klarheit:** Lege regelmäßig Backups an und halte fest, wer worauf Zugriff hat. Ordnung schützt.

Du musst kein IT-Experte werden, um sicher zu arbeiten. Kleine, konsequente Schritte reichen, und du hast den Kopf frei für das, was wirklich zählt.

# 2

# Den eigenen Ausgangspunkt erkennen

# Digitale Selbstanalyse

Digitalisierung beginnt mit Klarheit. Und diese entsteht, wenn du weißt, wo du stehst. Bevor du dich also auf den Weg machst, ist es klug, den Startpunkt zu bestimmen. Wer ein Ziel ansteuert, ohne zu wissen, wo er gerade steht, verliert schnell die Orientierung.

Genauso ist es mit der Digitalisierung: Sie wirkt nur dann, wenn klar ist, welche Prozesse bereits digital laufen, wo Engpässe bestehen und wie bereit dein Unternehmen für den nächsten Schritt wirklich ist.

Viele neigen dazu, diese Phase zu überspringen. Sie stürzen sich auf neue Tools, investieren in Software-Abos und wundern sich, warum die erhoffte Effizienz ausbleibt. Doch ohne Selbstanalyse gleicht das einem Arzt, der Medikamente verschreibt, ohne eine Diagnose zu stellen. Zufällig kann das helfen, aber meist verschlimmert es die Lage.

Eine digitale Selbstanalyse ist deshalb kein theoretisches Planspiel, sondern ein praktischer Blick in den eigenen Maschinenraum. Sie beantwortet die Frage: Wo stehen wir wirklich?

Die meisten Unternehmen sind nicht komplett analog, auch wenn es sich manchmal so anfühlt. Oft gibt es einzelne Inseln der Digitalisierung, die schon erstaunlich gut funktionieren. Vielleicht nutzt du bereits ein Online-Buchungssystem, vielleicht laufen Rechnungen automatisch über eine Software, oder die Kundenkommunikation findet per Videokonferenz statt. Diese Inseln sind wertvoll, weil sie zeigen: Es funktioniert. Sie beweisen, dass digitale Abläufe auch in einem kleinen Unternehmen möglich sind.

Ein anschauliches Beispiel dafür ist die Umstellung vieler Trainings- und Seminaranbieter während der Pandemie. Es war, als hätte jemand die Bühne über Nacht ins Digitale verlegt. Wo zuvor Seminarräume mit Flipcharts und Stuhlkreisen den Alltag bestimmten, öffnete sich plötzlich ein virtueller Raum. Anfangs wirkte vieles improvisiert, doch schnell zeigte sich: Statt an einen Ort gebunden zu sein, konnten die Veranstaltungen nun überall stattfinden. Prozesse wie Anmeldung, Feedback oder Bezahlung liefen automatisch im Hintergrund, während der Trainer sich auf die Inhalte konzentrieren konnte.

Der erste Schritt der Selbstanalyse besteht darin, genau solche funktionierenden Elemente zu erkennen. Nicht selten stellen Unternehmer überrascht fest, dass sie schon mehr digitalisiert haben, als ihnen bewusst war. Der Wert liegt darin, diese Inseln sichtbar zu machen und zu überlegen, wie sie miteinander verbunden werden können.

Neben den funktionierenden Inseln gab es auch bei Anna die Stellen, an denen es regelmäßig hakte. Das waren die Momente, in denen sie das Gefühl hatte, im Hamsterrad zu stecken: Terminabgleiche, die sich über zehn Mails ziehen. Rechnungen, die liegen bleiben, weil sie manuell erstellt werden müssen. Projekte, bei denen unklar ist, wer wofür verantwortlich ist.

In einem Meeting stellte sich eines Tages heraus, dass zwei Personen gleichzeitig an derselben Datei gearbeitet hatten. Eine Version lag in der Cloud, die andere war lokal gespeichert. Am Ende wusste niemand, welche aktuell war.

Für Anna war das ein Schlüsselmoment: Nicht mangelnder Einsatz war das Problem, sondern fehlende Struktur. Solche Missverständnisse zeigen, wo Prozesse bremsen. Nicht, weil zu wenig gearbeitet wird, sondern weil zu viel doppelt passiert.

Solche Engpässe zu identifizieren, ist oft einfacher, als du denkst. Frag dich selbst oder dein Team:

- *»Wo verlieren wir im Alltag am meisten Zeit?«*
- *»Wo entstehen immer wieder dieselben Fehler?«*
- *»Wo herrscht das größte Frustpotenzial?«*

Die Antworten zeigen schnell, wo du den größten Hebel hast. Dort, wo Abläufe dich ausbremsen, und Fokus verloren geht. Genau dort entfaltet Digitalisierung ihre größte Wirkung.

Das Schöne daran: Du musst nicht alles auf einmal angehen. Es reicht, mit dem größten Engpass zu starten. Der Unterschied wird sofort spürbar, sobald Routinearbeit verschwindet. Wo vorher E-Mails hin und her gingen, entsteht plötzlich Leichtigkeit. Termine klären sich von selbst, Rechnungen laufen automatisch, und statt das Gefühl zu haben, allem hinterherzurennen, spürst du zum ersten Mal wieder Überblick. Diese Entlastung wirkt fast körperlich. Und sie setzt Energie frei für den nächsten Schritt. Digitalisierung wirkt wie ein Dominoeffekt: Ein gelöster Engpass zieht den nächsten nach sich.

Der zweite Schritt der Selbstanalyse ist die vielleicht wichtigste und ehrlichste: Wie bereit ist mein Unternehmen überhaupt, digitale Prozesse zu nutzen? Denn ein Tool allein löst noch kein Problem. Es entfaltet seinen Nutzen nur dann, wenn die Menschen im Unternehmen bereit sind, es zu verwenden und ihre Arbeitsweise anzupassen.

Die Bereitschaft für digitale Prozesse hat mehrere Ebenen. Auf persönlicher Ebene: Bin ich selbst offen für neue Tools? Traue ich mir zu, mich einzuarbeiten? Auf Teamebene: Sind meine Mitarbeiter neugierig und lernbereit, oder fürchten sie zusätzlichen Aufwand? Und auf organisatorischer Ebene: Habe ich Zeit und Ressourcen, die Umstellung zu begleiten, oder läuft sie »*nebenher*«?

Hier lohnt sich ehrliche Reflexion. Digitalisierung ist auch kein Selbstläufer. Sie verlangt Aufmerksamkeit, manchmal auch Geduld. Wer erwartet, dass alles vom ersten Tag an perfekt läuft, wird enttäuscht. Wer sie dagegen als Lernprozess begreift, entwickelt Schritt für Schritt mehr Sicherheit. Digitale Bereitschaft ist also nichts Statisches. Sie wächst, wenn die Schritte machbar sind und erste Erfolge spürbar werden.

Die digitale Selbstanalyse ist kein bürokratischer Akt, sondern ein Spiegel. Sie zeigt, wie dein Unternehmen wirklich arbeitet. Sie macht sichtbar, wo du schon stark bist, wo es am meisten klemmt und wie offen du und dein Team für Veränderungen seid. Diese Klarheit verhindert, dass du Zeit und Geld in die falschen Projekte investierst.

Ohne Selbstanalyse besteht die Gefahr, auf glänzende Tools hereinzufallen, die am Ende nur noch mehr Chaos schaffen. Mit Selbstanalyse dagegen baust du auf bestehenden Stärken auf, löst gezielt die größten Engpässe und gehst nur so weit, wie dein Unternehmen es gerade tragen kann.

Viele Unternehmer erleben diesen Schritt als befreiend. Wer seine Prozesse einmal bewusst betrachtet, sieht sein Business mit neuen Augen. Plötzlich wird klar: Du bist nicht Opfer der Umstände, sondern Gestalter der Strukturen. Und genau das ist die Grundlage für erfolgreiche Digitalisierung.

Wer weiß, wo er steht, kann den Weg klarer und entspannter gehen. Digitalisierung wirkt dann nicht mehr wie ein übermächtiger Berg, sondern wie ein Weg in Etappen. Und jede Etappe bringt mehr Effizienz, Professionalität und Wettbewerbsfähigkeit.

## Typische Stolperfallen

Wer sich mit Digitalisierung beschäftigt, stolpert fast zwangsläufig über ein paar Hindernisse. Sie gehören zum Prozess dazu, wie Steine auf einem Wanderweg. Das Problem ist nicht, dass sie da sind, sondern wie du mit ihnen umgehst. Viele KMU, und besonders Coaches, Trainer und Berater, lassen sich von diesen Stolperfallen entmutigen oder sogar blockieren. Dabei könnten sie mit der richtigen Haltung und ein wenig Klarheit sicher umgangen werden. Drei Fallen begegnen mir in der Praxis immer wieder: der unübersichtliche Tool-Dschungel, der Widerstand im Team und die versteckten Kosten durch ungenutzte Software-Abos.

Die Digitalisierung lebt von Tools. Für fast jedes Problem gibt es eine App, eine Plattform, eine Software. Terminbuchungen, Projektmanagement, Kommunikation, Abrechnung, Marketing, Kundenverwaltung. Alles lässt sich mit wenigen Klicks digitalisieren. Das klingt nach einer Riesenchance, kann aber schnell zur Falle werden. Denn die schiere Fülle an Möglichkeiten führt oft dazu, dass du zu viel ausprobierst, zu schnell wechselst und am Ende den Überblick verlierst.

Es ist fast wie mit einer Werkzeugkiste voller Schraubenzieher: Jedes einzelne Teil wirkt nützlich, doch wenn keins wirklich passt, entsteht Chaos statt Klarheit. Statt Abläufe zu vereinfachen, verbringt das Team plötzlich mehr Zeit damit, die Werkzeuge selbst zu jonglieren.

Die Lektion daraus: Nicht jedes Tool ist für jedes Unternehmen sinnvoll. Das ist kein Wettlauf darum, wer die meisten Apps nutzt. Es geht vielmehr um die Kunst, die wenigen Werkzeuge zu finden, die wirklich passen und deine Prozesse vereinfachen. Ein guter Ansatz ist es, bewusst langsam vorzugehen. Statt sofort drei Tools parallel zu testen, solltest du dir die Frage stellen: »*Welches Problem möchte ich lösen?*«

Ist es die Terminorganisation, das Dokumentenchaos oder die Kundenkommunikation? Erst wenn das klar beantwortet ist, macht es Sinn, gezielt ein Tool auszuwählen.

Ein weiterer Tipp ist, Tools nicht gleichzeitig einzuführen, sondern Schritt für Schritt vorzugehen. Es ist zum Beispiel sinnvoll, nur mit einem Online-Buchungssystem zu beginnen. Erst wenn das reibungslos funktioniert, sollte das nächste Tool, wie etwa ein Rechnungsprogramm, hinzugefügt werden. Diese langsame Einführung ermöglicht es dir und deinem Team, die Veränderungen besser zu verarbeiten und sicherzustellen, dass die neuen Prozesse tatsächlich in den Alltag integriert werden.

Eine zweite Stolperfalle, die oft unterschätzt wird, ist der Widerstand im Team. Digitalisierung ist für viele Mitarbeiter ein Reizwort. Sie verbinden es mit zusätzlichen Aufgaben, mit der Angst, ersetzt zu werden, oder schlicht mit Überforderung. Während der Unternehmer die Chancen sieht, spüren die Mitarbeiter oft nur den Druck.

Das zeigt sich nicht nur in Worten, sondern auch im Verhalten: Manche nutzen ein neues System gar nicht, andere nur halbherzig. Und plötzlich müssen Informationen doppelt gepflegt werden. Statt Vereinfachung entsteht Mehrarbeit.

Solcher Widerstand ist nicht ungewöhnlich. Veränderung bedeutet immer Unsicherheit. Doch anstatt Druck auszuüben, ist es klüger, Verständnis zu zeigen. Der erste Schritt besteht darin, die Sorgen ernst zu nehmen. Nicht jede Ablehnung ist Faulheit oder Unwillen. Oft steckt schlicht die Angst dahinter, mit den neuen Anforderungen nicht mithalten zu können.

Praktisch heißt das: Nimm dein Team mit ins Boot, bevor du neue Tools einführst. Erkläre nicht nur, welches Tool eingesetzt wird, sondern vor allem, warum. Zeige, welchen konkreten Nutzen es für den Einzelnen hat.

Auch bei Anna gab es anfangs Vorbehalte im Team, als sie ein neues Tool einführen wollte. Viele fragten sich, ob das wirklich nötig sei. Schließlich funktionierte es ja »*auch so*«. In einer Teamsitzung entschied Anna, ein Beispiel durchzuspielen:

> »*Stellt euch vor, ein Kunde ruft an und fragt nach dem aktuellen Stand*«, sagte sie.
> »*Heute brauchen wir zehn Minuten, um Mails und Notizen zu durchsuchen. Mit dem neuen Tool dauert es zwei Klicks.*«

Plötzlich wurde der Vorteil greifbar und die Stimmung kippte. Aus Skepsis wurde Neugier, und das Team begann, die Veränderung als Erleichterung statt als Bedrohung zu sehen.

Ein weiterer Erfolgsfaktor ist die Schulung. Zu oft wird erwartet, dass Mitarbeiter sich neue Systeme nebenbei aneignen. Das führt zwangsläufig zu Frust. Wer dagegen Zeit für eine Einführung einplant, nimmt den Druck raus.

Nachdem Anna gemerkt hatte, wie wichtig es ist, ihr Team frühzeitig mitzunehmen, organisierte sie einen halben Tag, an dem alle gemeinsam das neue Tool ausprobieren konnten. Sie legten echte Projekte an, spielten Abläufe durch und stellten Fragen, die im Alltag oft untergingen.

Der Effekt war spürbar: Das Team fühlte sich sicherer, verstand die Zusammenhänge besser und die anfängliche Skepsis verwandelte sich in echte Neugier. Für Anna war es ein weiterer Beweis, dass Digitalisierung nicht am Bildschirm passiert, sondern im Miteinander.

Digitalisierung gelingt dann, wenn sie nicht als Bedrohung, sondern als Entlastung erlebt wird. Das erfordert Geduld, Kommunikation und vor allem: die Bereitschaft, Menschen mitzunehmen.

Die dritte Stolperfalle lauert im Hintergrund und zeigt sich meist erst auf der Rechnung. Es ist die Kostenfalle ungenutzter

Software-Abos. In Zeiten, in denen fast jede Anwendung als Abo-Modell angeboten wird, ist es keine Seltenheit, den Überblick zu verlieren. Zehn Euro hier, fünfzig Euro da, noch ein Jahresabo für ein vermeintlich unverzichtbares Tool. Und plötzlich summieren sich die Beträge zu hunderten Euro pro Monat, ohne dass ein echter Nutzen entsteht.

Bei einer ihrer regelmäßigen Durchsichten stellte Anna überrascht fest, dass sie jeden Monat rund 600 Euro für Software-Abos zahlte. Viele davon nutzte sie kaum oder gar nicht. Aufs Jahr gerechnet waren das über 7.000 Euro. Fast so viel wie ein kompletter Monatsumsatz. Geld, das leise aus dem Konto floss, ohne echten Nutzen zu bringen. Für Anna war das ein Weckruf: Sie begann zu ahnen, dass fehlende Struktur nicht nur Zeit kostet, sondern auch bares Geld.

Die Lösung klingt banal, wird aber selten umgesetzt: regelmäßige Abo-Checks. Nimm dir alle drei bis sechs Monate eine Stunde Zeit und gehe deine Abos durch. Frage dich:

- *»Nutze ich dieses Tool wirklich regelmäßig?«*
- *»Spart es mir Zeit oder bringt es mir Umsatz?«*
- *»Oder zahle ich nur, weil ich vergessen habe, das Abo zu kündigen?«*

Ein besonders wirksamer Trick ist es, neue Tools zunächst monatlich zu buchen, auch wenn das Jahresabo günstiger wirkt. So vermeidest du, dich langfristig an etwas zu binden, das du vielleicht gar nicht brauchst. Wenn das Tool nach einigen Monaten seinen Nutzen bewiesen hat, kannst du immer noch auf ein Jahresabo umsteigen.

Genauso lohnt es sich, nach Alternativen zu suchen. Manche Funktionen, für die du separate Tools zahlst, sind in bereits vorhandenen Systemen integriert. Oft nutzen Menschen mehrere verschiedene Tools für ähnliche Aufgaben, ohne zu wissen, dass ihre bestehende Plattform all diese Funktionen ebenfalls bietet. Wenn du die überflüssigen Abos kündigst, kannst du nicht nur Geld sparen, sondern auch die Abläufe vereinfachen.

## Der gemeinsame Nenner

Ob Tool-Dschungel, Widerstand im Team oder Kostenfallen. All diese Stolperfallen haben eines gemeinsam: Sie entstehen nicht durch Digitalisierung an sich, sondern durch den unbedachten Umgang damit. Zu viele Tools ohne Struktur, zu schnelle Veränderungen ohne Kommunikation, zu viele Abos ohne Kontrolle. Das sind menschengemachte Probleme. Und genau deshalb können sie auch gelöst werden.

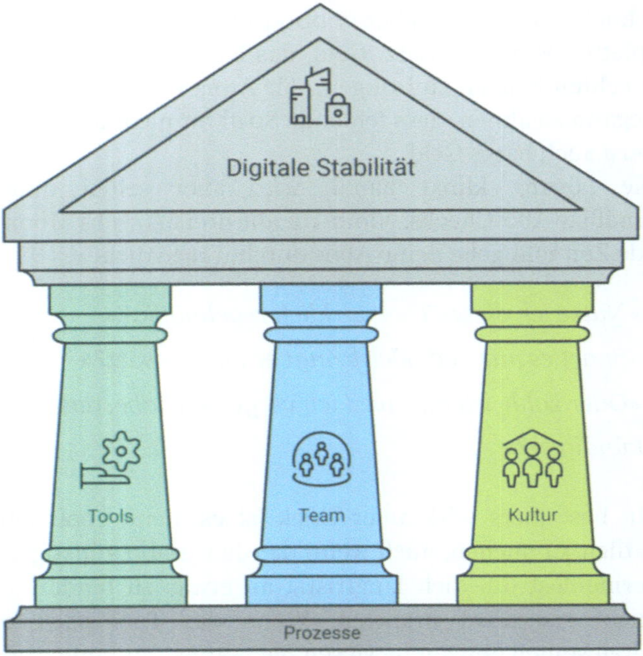


**Die Säulen der digitalen Basis:** Digitalisierung trägt nur, wenn alle Elemente zusammenwirken: Klar definierte Prozesse bilden das Fundament, passende Tools bauen darauf auf, ein engagiertes Team bringt sie zum Leben und eine lernorientierte Kultur hält alles im Gleichgewicht. Fehlt eine Säule, wackelt das ganze System.

Die wichtigste Haltung dabei ist Bewusstsein. Digitalisierung gelingt nicht im Blindflug. Sie verlangt, dass du bewusst auswählst, bewusst kommunizierst und bewusst kontrollierst.

Wer diese Haltung entwickelt, macht aus Stolperfallen Lernschritte. Jeder Fehler wird zu einer Erfahrung, die hilft, den nächsten Schritt klüger zu gehen.

Ich habe viele Unternehmen gesehen, die genau diese Entwicklung durchlaufen haben. Am Anfang standen sie im Tool-Chaos, kämpften mit Widerstand und zahlten unnötige Abos. Doch mit der Zeit lernten sie, Prioritäten zu setzen, ihre Teams mitzunehmen und den Überblick zu behalten.

Heute arbeiten sie einfacher, effizienter und professioneller. Nicht, weil sie nie gestolpert sind, sondern weil sie gelernt haben, mit Stolperfallen umzugehen.

Und genau darin liegt die eigentliche Chance: Stolperfallen sind keine Sackgassen. Sie sind Prüfsteine, die zeigen, ob du den Weg zur Digitalisierung bewusst gehst. Wer das versteht, erkennt: Jeder Umweg, jede Schwierigkeit und jeder kleine Fehltritt sind Teil einer Lernkurve, die am Ende zu mehr Effizienz, mehr Struktur und mehr Erfolg führt.

## Prioritäten richtig setzen

Die Erkenntnis, dass Digitalisierung notwendig ist, ist oft schnell da. Was danach folgt, ist jedoch die entscheidende Frage: »*Wo und wie soll ich anfangen?*«

Man fühlt sich überwältigt von den Möglichkeiten. Jeder Prozess könnte digitalisiert werden, jede Aufgabe hätte Bedarf, jedes Teammitglied andere Wünsche. Wer versucht, alles gleichzeitig anzupacken, läuft Gefahr, sich zu verzetteln und am Ende gar nichts nachhaltig umzusetzen. Deshalb ist es so wichtig, die richtigen Prioritäten zu setzen.

»*Welche Prozesse zuerst digitalisieren?*«

Diese Frage taucht immer wieder auf. Die Antwort hängt natürlich von der individuellen Situation ab, aber es gibt ein klares Prinzip: Beginne dort, wo die Reibungsverluste am größten sind und der Nutzen am schnellsten spürbar wird. Das kann bei jedem Unternehmen etwas anderes sein.

Stell dir vor, du versuchst, mit einem Kunden einen Termin abzustimmen:

*»Mittwoch um zehn?«*

*»Da bin ich unterwegs.«*

*»Freitag?«*

*»Seminar.«*

*»Montag?«*

*»Urlaub.«*

Am Ende stand der Termin: *»Irgendwann.«*

Solche E-Mail-Schleifen kosten jede Woche mehrere Stunden. Ein einfaches Online-Buchungssystem macht damit Schluss: Kunden sehen freie Slots selbst, buchen direkt und Änderungen laufen automatisch. Die endlose Hin-und-her-Kommunikation verschwindet und plötzlich gewinnst du Klarheit und Zeit zurück.

Der optimale Ausgangspunkt ist daher stets der Bereich, in dem du persönlich die größten Schwierigkeiten erlebst. Wo dir Zeit, Energie oder Konzentration entgleiten. Genau dort bringt Digitalisierung sofort spürbare Entlastung.

Genau hier kommt das Pareto-Prinzip ins Spiel. Dieses Prinzip besagt, dass 20 Prozent der Ursachen 80 Prozent der Wirkungen erzeugen. Übertragen auf die Digitalisierung bedeutet das: Ein kleiner Teil deiner Prozesse verursacht den größten Teil deines Stresses und deiner Ineffizienz. Wenn du diese wenigen, aber entscheidenden Prozesse digitalisierst, erreichst du mit wenig Aufwand eine enorme Wirkung.

Auch Anna hatte anfangs das Gefühl, ständig den Überblick zu verlieren. Jeden Tag schien etwas anderes zu brennen: Termine, Mails, Rechnungen, Abstimmungen mit ihrem kleinen Team. Als sie ihre Abläufe genauer ansah, stellte sie überrascht fest: Das meiste funktionierte eigentlich ganz ordentlich. Nur zwei Bereiche sorgten immer wieder für Chaos: das Projektmanagement und die interne Kommunikation. Nachrichten gingen verloren, Aufgaben wurden doppelt erledigt, Kunden mussten nachfragen.

Anstatt überall gleichzeitig anzusetzen, konzentrierte sich Anna genau auf diese beiden Punkte. Sie strukturierte ihre Projekte neu und führte klare Kommunikationswege ein. Das Ergebnis: plötzliche Klarheit, weniger Missverständnisse und eine spürbar entspanntere Zusammenarbeit. Für Anna war das der Moment, in dem sie verstand, dass erfolgreiche Digitalisierung nicht bedeutet, alles auf einmal zu verändern, sondern das Richtige zuerst.

Viele machen den Fehler, sich zuerst an die kleinen, bequemen Baustellen zu wagen. Sie probieren neue Tools für Notizen aus oder testen eine gerade beliebte App für To-do-Listen. Das macht Spaß, bringt aber oft wenig Veränderung. Der größere Hebel liegt in den Prozessen, die wirklich entscheidend sind: Termine, Rechnungen, Kundenkommunikation, Projektabwicklung. Dort entstehen die größten Reibungsverluste, und dort wirkt Digitalisierung wie ein Katalysator.

Neben den großen Hebeln gibt es aber auch die Quick Wins. Kleine digitale Verbesserungen, die sofort spürbare Entlastung bringen. Ein einfaches Beispiel: In einem Unternehmen ersetzte ein Online-Formular das manuelle Übertragen von Kundenanfragen in Excel. Allein dadurch sparte das Team jede Woche vier Stunden. Hochgerechnet fast eine volle Arbeitswoche pro Jahr.

Doch es reicht nicht, bei Quick Wins stehenzubleiben. Wer nur kleine Verbesserungen umsetzt, bleibt langfristig in ineffizienten Strukturen gefangen. Deshalb braucht es beides: schnelle Erfolge, die Mut machen, und eine langfristige Transformation, die das Fundament des Unternehmens stärkt.

Die Prioritäten richtig zu setzen, bedeutet also, zwei Fragen zu beantworten:

- *»Wo tut es gerade am meisten weh?«*
- *»Und welche Veränderungen bringen schnell sichtbare Erfolge?«*

Wer diese beiden Punkte miteinander kombiniert, findet den optimalen Einstieg in die Digitalisierung.

Dieser Ansatz ist nicht nur praktisch, er verhindert auch Überforderung. Wer versucht, alles auf einmal zu verändern, riskiert Frust im Team und Chaos im Alltag. Wer dagegen Schritt für Schritt vorgeht, erlebt die Digitalisierung als machbar und motivierend.

Am Ende geht es darum, Klarheit und Fokus zu entwickeln. Nicht jedes Tool, nicht jeder Prozess ist gleich wichtig. Manche Veränderungen bringen riesige Hebel, andere sind nett, aber nebensächlich. Wenn du dir die Zeit nimmst, deine Prioritäten bewusst zu setzen, wirst du erleben, dass Digitalisierung nicht kompliziert, sondern befreiend sein kann.

**Digitalisierungs-Kompass:** Zukunftssicherheit entsteht, wenn alle Richtungen stimmen: klare Prozesse, passende Tools, ein starkes Team und kundenorientierte Abläufe. Der Kompass zeigt, wo dein Unternehmen heute steht, und wohin die digitale Reise führen kann.

Der größte Fehler ist nicht, zu wenig zu digitalisieren, sondern überall gleichzeitig anzufangen und nirgendwo konsequent zu sein. Ein paar gezielte Maßnahmen, die wirklich wirken, sind wertvoller als ein Dutzend halber Versuche.

Wie schon in Kapitel 1 beschrieben, ist Digitalisierung kein Selbstzweck, sondern ein Werkzeug, das dein Unternehmen einfacher machen soll und nicht komplizierter. Deshalb ist es so wichtig, sich immer wieder zu fragen:

- »Was bringt uns hier und heute den größten Nutzen?«
- »Wo gewinnen wir Zeit, Klarheit oder Kundenvertrauen?«

Wenn du diese Fragen ehrlich beantwortest, setzt du die richtigen Prioritäten.

Und genau darin liegt die eigentliche Kunst: Nicht mehr tun, sondern das Richtige zuerst tun.

## Was du mitnehmen solltest

- Digitalisierung beginnt nicht mit Tools, sondern mit einer ehrlichen Bestandsaufnahme deines Unternehmens.
- Erkenne, welche Abläufe schon gut laufen und wo die größten Engpässe liegen.
- Prüfe, wie bereit du und dein Team wirklich für Veränderungen seid. Offenheit ist wichtiger als Technik.
- Stolperfallen wie Tool-Chaos, Widerstand oder ungenutzte Abos entstehen durch fehlende Klarheit, nicht durch Technologie.
- Wer bewusst hinschaut, Prioritäten setzt und Schritt für Schritt vorgeht, verwandelt Digitalisierung von einer Bedrohung in einen Befreiungsschlag.

# Checkliste: Wo stehe ich?

*Finde heraus, wie digital dein Unternehmen heute wirklich ist.*

**Bereich 1: Prozesse & Struktur**

☐ Ich habe meine wichtigsten Geschäftsprozesse (z. B. Angebot → Auftrag → Rechnung) einmal vollständig aufgeschrieben.

☐ Ich weiß, wo die größten Engpässe oder Zeitfresser in meinem beruflichen Alltag liegen.

☐ Für wiederkehrende Abläufe (z. B. Rechnungen, Terminplanung) gibt es bereits eine feste Routine.

**Bereich 2: Tools & Systeme**

☐ Ich kenne alle digitalen Tools, die ich aktuell nutze, und wofür ich sie einsetze.

☐ Ich weiß, welche Tools mir wirklich helfen, und welche eher Ballast sind.

☐ Ich habe keine »*verwaisten*« Software-Abos, die Geld kosten, aber kaum genutzt werden.

**Bereich 3: Team & Bereitschaft**

☐ Ich (und mein Team) sind grundsätzlich offen für neue Arbeitsweisen.

☐ Wir haben keine Angst vor Fehlern, sondern sehen sie als Lernschritte.

☐ Es gibt jemanden, der Verantwortung für das Thema »*Digitalisierung*« übernimmt, auch wenn das aktuell ich selbst bin.

**Auswertung:**

- Wenn du in jedem Bereich mindestens 2 Häkchen setzen kannst, hast du bereits eine solide Basis.
  - Fehlt es an Struktur → starte mit Kapitel 3.
  - Fehlt es an den passenden Werkzeugen → starte mit Kapitel 4.
  - Fehlt es an Motivation oder Zuständigkeit → lies Kapitel 7 (Mindset & Kultur).

# 3

# Die Grundlagen effizienter Prozesse

## Klarheit schaffen

Bevor die Digitalisierung richtig wirken kann, braucht es ein Fundament. Dieses Fundament heißt Klarheit. Klarheit darüber, wie Abläufe wirklich funktionieren, wer wofür verantwortlich ist und wo Informationen abgelegt werden. Viele Unternehmen überspringen diesen Schritt, weil sie glauben, Tools würden das Problem von allein lösen. Doch das Gegenteil ist der Fall: Wenn Prozesse unklar sind, macht ein Tool das Chaos nur sichtbarer. Erst, wenn Klarheit herrscht, entfaltet die Technik ihre Kraft.

**Die digitale Entwicklungskurve:** Jede erfolgreiche Digitalisierung beginnt im Chaos und führt Schritt für Schritt zu mehr Struktur und Leichtigkeit. Von der Überforderung über die Selbstanalyse und Systematisierung bis zur Automatisierung & Entlastung zeigt diese Kurve, wie dein Unternehmen vom reaktiven Alltag in einen klaren, effizienten Fluss findet.

Der Einstieg in diese Klarheit gelingt am besten mit einem einfachen Prozessmapping. Für Einsteiger klingt das nach einer komplizierten Methode, dabei ist es nichts anderes, als den eigenen Arbeitsalltag sichtbar zu machen. Ein leeres Blatt Papier oder ein digitales Whiteboard reichen. Nimm dir einen Prozess vor. Zum Beispiel, wie ein neuer Kunde gewonnen und betreut wird. Schreibe auf, welche Schritte ablaufen, von der ersten Anfrage bis zur finalen Rechnung. Notiere, wer an welchem Punkt beteiligt ist, welche Dokumente gebraucht werden, welche Entscheidungen fallen.

»*Das brauche ich doch nicht, ich kenne meine Abläufe*«, dachte Anna, als sie sich zum ersten Mal auf ein einfaches Prozessmapping einließ. Schließlich lief ihr Coaching-Business ja. Die Termine standen, die Rechnungen wurden bezahlt, und die Kunden waren zufrieden. Doch als sie begann, ihre Abläufe wirklich aufzuschreiben, passierte etwas Unerwartetes: Plötzlich wurde sichtbar, dass Verträge mal vor, mal nach dem ersten Coaching verschickt wurden, dass Kundendaten teils in Excel, teils nur im Mailprogramm landeten und für jede neue Anfrage ein anderer Weg genommen wurde.

Aus dem vermeintlich klaren Bild tauchten Brüche auf, die sie selbst nie bemerkt hatte. Erst durch das Sichtbarmachen erkannte Anna, wie viel Energie sie im Alltag verlor. Nicht, weil sie zu wenig arbeitete, sondern weil die Struktur fehlte.

Der große Vorteil dieser Methode ist, dass sie Dinge sichtbar macht, die im Kopf verschwimmen. Solange Abläufe nur gedanklich existieren, wirken sie logisch. Erst wenn sie aufgeschrieben sind, erkennst du die Brüche, Umwege und Wiederholungen. Für Einsteiger reicht es, grob zu skizzieren: Wer macht was, wann und mit welchem Ergebnis. Es geht nicht um Perfektion, sondern um Orientierung.

Sobald ein erster Überblick da ist, geht es darum, Standards und Routinen zu schaffen. Standards sind wie Leitplanken: Sie geben vor, wie bestimmte Aufgaben grundsätzlich erledigt werden sollten. Routinen sorgen dafür, dass diese Standards nicht jedes Mal neu erfunden werden müssen. Standards sind nicht dazu da, Kreativität zu verhindern. Sie sind dazu da, Ordnung in wiederkehrenden Abläufen zu schaffen. Gerade in kleinen Unternehmen entsteht die Versuchung, Dinge »*flexibel*« zu handhaben. Doch Flexibilität ist dort sinnvoll, wo es um Kundenlösungen geht, nicht bei internen Abläufen. Wenn jeder Termin individuell abgestimmt, jede Rechnung neu überlegt und jedes Dokument woanders gespeichert wird, kostet das Energie. Standards befreien davon, immer wieder dieselben Entscheidungen treffen zu müssen.

Routinen sind der zweite Schritt. Sie sorgen dafür, dass die Standards nicht nur auf dem Papier stehen, sondern im Alltag lebendig werden. Eine Routine könnte sein, dass jeden Freitag offene Rechnungen geprüft oder nach jedem Kundengespräch die wichtigsten Notizen direkt ins System eingetragen werden. Diese Routinen schaffen Verlässlichkeit.

Es ist wie bei einem unaufgeräumten Schreibtisch: Anfangs findest du noch vieles wieder, weil du »*ungefähr weißt, wo es liegt*«. Aber mit der Zeit geht der Überblick verloren. Erst wenn die Dinge einen festen Platz haben und du die Routine entwickelst, sie konsequent dorthin zu legen, entsteht echte Ordnung. Genau so wirken Standards und Routinen im Unternehmen: Sie schaffen Ruhe, Struktur und Verlässlichkeit.

Standards und Routinen sind keine Einschränkung, sondern eine Befreiung. Sie nehmen Kleinigkeiten aus dem Kopf, damit Platz für das Wesentliche bleibt.

Das dritte Element von Klarheit ist Transparenz. In vielen Unternehmen herrscht ein unsichtbares Problem: Wissen liegt verstreut. Manche Informationen sind im Kopf des Inhabers, andere in E-Mails, wieder andere in Excel-Dateien oder Papierordnern. Das führt zu Chaos. Jeder sucht, fragt nach, macht Fehler. Transparenz bedeutet, dass alle relevanten Informationen dort sind, wo sie hingehören. Zugänglich, nachvollziehbar und aktuell.

Transparenz wirkt auch nach außen. Kunden spüren sofort, ob dein Unternehmen strukturiert arbeitet oder nicht. Wenn sie Informationen mehrfach geben müssen, weil sie verloren gehen, sinkt das Vertrauen. Wenn sie hingegen erleben, dass ihr Ansprechpartner immer vorbereitet ist und alle Daten parat hat, fühlen sie sich ernst genommen. Digitalisierung unterstützt diese Transparenz, aber sie setzt Klarheit voraus.

Der vielleicht wichtigste Effekt von Klarheit ist, dass sie Ruhe ins Unternehmen bringt. Viele Unternehmer beschreiben das Gefühl, ständig getrieben zu sein. Sie reagieren auf Anfragen, jagen Dokumenten hinterher, klären Missverständnisse. Sobald Prozesse sichtbar gemacht, Standards definiert und Transparenz hergestellt wird, verschwindet dieses Getriebensein. Stattdessen entsteht ein Gefühl von Kontrolle. Du weißt, was zu tun ist, wann es zu tun ist und wo die Informationen liegen.

Klarheit ist kein einmaliges Projekt, sondern ein fortlaufender Prozess. Sie wächst mit jedem Schritt, den du gehst. Das erste Prozessmapping ist vielleicht noch grob, später wird es detaillierter. Standards entwickeln sich weiter, Routinen passen sich neuen Gegebenheiten an. Transparenz muss gepflegt werden, damit sie nicht wieder verloren geht. Aber jeder Schritt in Richtung Klarheit zahlt sich aus. Durch weniger Stress, mehr Effizienz und eine bessere Kundenwahrnehmung.

Für die meisten KMU ist Klarheit der erste Schritt, der sich unmittelbar auswirkt. Tools sind wichtig, Automatisierung ist wertvoll, aber ohne Klarheit laufen sie ins Leere. Wer sich die Zeit nimmt, Prozesse sichtbar zu machen, Standards zu definieren und Transparenz herzustellen, legt den Grundstein für alles Weitere. Digitalisierung wird dann nicht zum Selbstzweck, sondern zum logischen nächsten Schritt in einem klar strukturierten Unternehmen.

## Analoge Prozesse digital denken

Wer an Digitalisierung denkt, stellt sich oft gleich hochkomplexe Systeme vor: automatisierte Workflows, künstliche Intelligenz oder ganze Plattformen, die ein Unternehmen steuern. Doch die eigentliche Reise beginnt viel einfacher. Sie startet dort, wo noch Papier, Zettel und Insellösungen den Alltag bestimmen. Die wahre Kunst besteht nicht darin, möglichst viele digitale Tools einzukaufen, sondern darin, analoge Prozesse so zu übersetzen, dass sie auch in der digitalen Welt Sinn ergeben.

Der erste Schritt ist oft der naheliegendste: von Papier in die Cloud. Viele kleine und mittlere Unternehmen, besonders im Coaching- und Beratungsbereich, hängen erstaunlich lange an papierbasierten Abläufen. Verträge werden ausgedruckt, unterschrieben, eingescannt. Notizen entstehen in Notizbüchern, die am Ende des Jahres in Regalen verschwinden. Rechnungen werden als Ausdrucke abgeheftet. Dieses Vorgehen gibt ein Gefühl von Sicherheit, weil du »*etwas in der Hand*« hast. Doch in Wahrheit kostet es Zeit, Platz und Nerven.

Auch Anna hatte lange Zeit das Gefühl, Ordnung zu haben. Zumindest auf den ersten Blick. Verträge, Rechnungen und Unterlagen lagen fein säuberlich in Ordnern im Regal, daneben ein paar beschriftete Ablagen auf dem Schreibtisch. Der tägliche Griff zum Papier war so selbstverständlich, dass sie nie darüber nachdachte.

Erst als sie auf eine Cloud-Lösung umstieg, erkannte sie, wie viel Zeit und Energie dieses alte System sie gekostet hatte. Plötzlich waren Dokumente in Sekunden auffindbar. Jederzeit und von überall. Gleichzeitig stieg die Sicherheit, weil nichts mehr verloren gehen konnte. Selbst nach einem Brand in ihrem Büro würde sie nicht wieder bei null starten.

Für Anna war das einer dieser Aha-Momente: Digitalisierung beginnt nicht mit Technik, sondern mit der Frage, wie du den eigenen Alltag vereinfachen kannst.

Die Cloud ist nicht nur eine andere Form der Ablage, sie verändert die Art und Weise, wie du mit Informationen umgehst. Sie schafft Verfügbarkeit, egal von welchem Ort. Sie erleichtert die Zusammenarbeit, weil mehrere Personen gleichzeitig an denselben Dateien arbeiten können und stellt sicher, dass Informationen nicht mehr an physische Orte gebunden sind, sondern jederzeit abrufbar bleiben.

Doch Digitalisierung endet nicht beim Dokument. Ein zweiter Schritt ist es, Aufgaben zu bündeln, anstatt sie fragmentiert abzuarbeiten. Viele Unternehmer neigen dazu, Aufgaben immer sofort zu erledigen, sobald sie auftauchen. Eine eingehende Mail führt sofort zu einer Antwort. Eine Anfrage per Messenger wird gleich zwischendurch beantwortet. Ein Kunde ruft an, und du springst mitten in deiner Arbeit zu einem anderen Thema. Das Ergebnis: ständige Unterbrechungen, ein zerrissener Arbeitstag und das Gefühl, nie wirklich voranzukommen.

Das Bündeln von Aufgaben ist mehr als nur eine Produktivitätstechnik. Es ist eine neue Denkweise: weg vom ständigen Reagieren, hin zum geplanten Handeln. Digitale Prozesse verstärken diesen Effekt, weil sie Wiederholungen automatisieren und Routinen erleichtern. Wer Rechnungen einmal korrekt in einem System anlegt, kann sie bei Bedarf mit wenigen Klicks erneut verwenden. Wer Kundendaten zentral erfasst, spart sich endlose Nachfragen. Durch digitale Organisation der Aufgabenplanung wird verhindert, dass Kleinigkeiten ständig dazwischenfunken.

Ein drittes Element, das analoge Prozesse digital wirklich effizient macht, ist das Erkennen und Nutzen von Schnittstellen. In der analogen Welt ist jeder Prozess eine Insel. Der Vertrag liegt im Ordner, die Rechnungen in einer Mappe, die Kundendaten im Notizbuch. In der digitalen Welt besteht die große Chance darin, dass diese Inseln miteinander verbunden werden können. Schnittstellen sind die unsichtbaren Verbindungen, die aus vielen kleinen digitalen Inseln ein funktionierendes Ökosystem machen. Sie sparen nicht nur Zeit, sondern reduzieren auch Fehler und schaffen Transparenz. Statt Daten zu kopieren und zu kontrollieren, laufen sie automatisch durch. Für viele kleine Unternehmen ist genau das der Hebel, der aus vereinzelten digitalen Tools einen echten Wettbewerbsvorteil macht.

Doch der Schlüssel liegt darin, diese Schnittstellen bewusst zu erkennen. Viele wissen gar nicht, dass ihre bestehenden Tools miteinander sprechen können. Sie zahlen den Preis in Form von doppelter Arbeit und unnötigem Aufwand. Wer sich die Zeit nimmt, die eigenen Systeme auf Integrationsmöglichkeiten zu prüfen, findet oft erstaunlich einfache Lösungen.

Die Kunst, analoge Prozesse digital zu denken, liegt also darin, drei Schritte zu gehen. Zuerst den Sprung von Papier und Zetteln in die Cloud. Dann das Bündeln von Aufgaben, um den Alltag zu entlasten. Und schließlich das Nutzen von Schnittstellen, damit Informationen nicht isoliert bleiben, sondern fließen.

Diese Schritte verändern nicht nur die Effizienz, sie verändern auch die Haltung. Plötzlich begreift man, dass Arbeit nicht schwer und zäh sein muss, sondern einfach und strukturiert sein kann. Digitalisierung ist dann kein abstraktes Projekt mehr, sondern eine spürbare Erleichterung im Alltag.

Nachdem Anna ihre wichtigsten Abläufe digitalisiert hatte, fiel ihr eines Tages etwas auf, das sie selbst überraschte. »*Früher habe ich jeden Tag damit verbracht, Dinge zu suchen, abzuarbeiten und hinterherzulaufen*«, sagte sie. »*Heute habe ich das Gefühl, dass mein Unternehmen für mich arbeitet und nicht umgekehrt.*«

Was sich wie ein technischer Wandel anfühlte, war in Wahrheit ein Perspektivwechsel: Digitalisierung bedeutete für Anna nicht mehr Kontrolle, sondern Vertrauen in klare Prozesse, funktionierende Systeme und ein Business, das endlich im Fluss war.

## Prinzipien digitaler Effizienz

Effizienz entsteht nicht zufällig. Sie ist das Ergebnis klarer Prinzipien, die den Arbeitsalltag strukturieren und Entscheidungen erleichtern. Viele suchen nach dem perfekten Tool oder der einen großen Lösung, die alles verändert. In Wahrheit sind es jedoch drei einfache Denkweisen, die die Richtung bestimmen: Automatisierung vor Delegation, Entscheidungen auf Basis von Daten statt Bauchgefühl und die Bereitschaft, kleine Schritte zu gehen, die große Wirkung entfalten.

Beginnen wir mit der Frage der Automatisierung. Viele Coaches, Trainer und Berater greifen instinktiv zu einem altbekannten Mittel, wenn sie sich überlastet fühlen: Sie geben Aufgaben ab. Sie holen sich Unterstützung durch eine Assistenz, beauftragen Freelancer oder bitten Kollegen, bestimmte Tätigkeiten zu übernehmen. Delegation ist wertvoll, keine Frage. Doch oft wird sie zu früh eingesetzt. Denn viele der abgegebenen Aufgaben könnten längst automatisiert laufen.

»*Ich habe versucht, drei Termine mit Frau Meier zu finden. Keine Chance!*«, stöhnte Annas Assistentin.
»*Ich hab's aufgegeben und ihr einfach den Buchungslink geschickt. Fünf Minuten später war alles erledigt.*«
Anna grinste. »*Ja, so einfach kann Automatisierung sein.*«

Der Unterschied ist entscheidend. Delegation verschiebt die Arbeit von einer Person zur anderen. Automatisierung eliminiert die Arbeit vollständig. Wenn du jede Woche drei Stunden mit Terminabsprachen verbringst und diese Aufgabe delegierst, sparst du dir zwar die drei Stunden, aber jemand anderes verbringt sie trotzdem. Mit Automatisierung verschwindet die Aufgabe aus deinem Unternehmen. Sie kostet keine Zeit, kein Geld und keine Nerven mehr.

Natürlich heißt das nicht, dass Delegation überflüssig ist. Es gibt viele Aufgaben, die Kreativität, Urteilsvermögen oder menschliche Nähe brauchen und die du nicht automatisieren kannst. Doch die Reihenfolge ist entscheidend: Automatisiere zuerst, delegiere danach. Wer diesen Grundsatz beherzigt, baut ein schlankes Unternehmen, das nicht unnötig viele Ressourcen bindet.

Das zweite Prinzip der digitalen Effizienz lautet: Entscheidungen auf Basis von Daten statt Bauchgefühl. In kleinen Unternehmen regiert oft die Intuition. Unternehmer verlassen sich auf ihre Erfahrung, ihre Einschätzung, ihre Menschenkenntnis. Das ist wertvoll, doch es hat Grenzen. Intuition ist subjektiv, sie ist fehleranfällig und sie übersieht Muster, die in den Zahlen verborgen liegen.

Bauchgefühl und Realität klaffen oft auseinander. In einem Fall zeigte die Auswertung klar: 54 Prozent der Neukunden kamen über die Website und Social Media, nur 38 Prozent über persönliche Empfehlungen, der Rest über andere Kanäle. Vorher war man überzeugt gewesen, Empfehlungen seien die Hauptquelle. Die Zahlen erzählten eine andere Geschichte. Und erst mit ihnen wurde klar, wo das Marketingbudget wirklich Wirkung entfaltete.

Daten geben uns eine objektive Grundlage. Sie zeigen, welche Angebote am meisten nachgefragt werden, welche Marketingkanäle funktionieren, welche Prozesse Zeitfresser sind. Wer seine Entscheidungen darauf stützt, handelt zielgerichteter und vermeidet Fehlinvestitionen.

Doch Daten allein genügen nicht. Entscheidend ist, dass du sie sammelst, strukturierst und auswertest. Viele Unternehmen ertrinken in Daten, ohne sie wirklich zu nutzen. E-Mails, Excel-Tabellen, Tools. Überall liegen Informationen verstreut, doch niemand zieht die notwendigen Schlüsse daraus. Der erste Schritt besteht darin, Daten an einem Ort zusammenzuführen. Ein CRM-System, ein Dashboard oder sogar eine gut gepflegte Tabelle können reichen. Wichtig ist, dass die relevanten Informationen verfügbar sind.

Das dritte Prinzip der digitalen Effizienz ist vielleicht das wichtigste: kleine Schritte, große Wirkung. Viele Unternehmer scheitern an der Digitalisierung, weil sie zu viel auf einmal wollen. Sie starten riesige Projekte, führen mehrere Tools gleichzeitig ein, verändern Prozesse radikal. Das Ergebnis ist Überforderung, Frust und am Ende die Rückkehr zum alten Chaos.

In Wahrheit funktioniert Digitalisierung am besten in kleinen Schritten. Jeder Schritt bringt eine spürbare Verbesserung, die motiviert, weiterzumachen. Die Wirkung kleiner Schritte ist oft größer, als du denkst. Denn jeder Schritt schafft nicht nur Effizienz, sondern auch Vertrauen in den Prozess. Wer erlebt, dass Digitalisierung tatsächlich den Alltag erleichtert, ist bereit, weiterzugehen. So entsteht ein positiver Kreislauf: kleine Veränderungen führen zu sichtbaren Erfolgen, diese Erfolge motivieren für größere Projekte, und am Ende steht eine umfassende Transformation. Ohne dass sie je überfordernd wirkte.

Kleine Schritte sind nicht nur praktischer, sie sind auch nachhaltiger. Denn jede Veränderung braucht Zeit, um zur Gewohnheit zu werden. Wenn du versuchst, dein gesamtes Unternehmen auf einen Schlag umzustellen, prallen zu viele Veränderungen gleichzeitig auf dich und dein Team. Das führt zu Widerstand und Überforderung. Wenn du dagegen Schritt für Schritt vorgehst, hat jeder die Möglichkeit, sich anzupassen.

Diese drei Prinzipien, Automatisierung vor Delegation, Daten statt Bauchgefühl und kleine Schritte mit großer Wirkung, bilden das Fundament digitaler Effizienz. Sie sind keine Regeln im klassischen Sinn, sondern Denkweisen, die Orientierung geben. Sie helfen, Entscheidungen zu treffen, Prioritäten zu setzen und den Weg klarer zu sehen.

Am Ende geht es nicht darum, alles perfekt zu machen. Effizienz entsteht nicht durch Perfektion, sondern durch konsequentes Handeln. Wenn du Aufgaben automatisierst, wo es möglich ist, deine Entscheidungen auf echte Zahlen stützt, und bereit bist, in kleinen Schritten zu gehen, wirst du erleben, wie dein Unternehmen einfacher, klarer und produktiver wird. Digitalisierung verliert dann ihren Schrecken und wird zu dem, was sie sein sollte: ein Werkzeug, das dir den Rücken freihält, damit du dich auf das konzentrieren kannst, was wirklich zählt.

## Was du mitnehmen solltest

- Klarheit ist das Fundament. Erst mit Standards, Routinen und Transparenz können Tools wirken.
- Analoge Prozesse digital denken heißt: Dokumente zentral in der Cloud ablegen, Aufgaben bündeln und Schnittstellen nutzen.
- Wirkliche Effizienz entsteht, wenn du zuerst automatisierst, dann delegierst.
- Entscheidungen auf Daten zu stützen ist verlässlicher als Bauchgefühl.
- Digitalisierung gelingt am besten in kleinen, machbaren Schritten. So wird sie zur Entlastung und gibt dir mehr Kontrolle, Professionalität und Leichtigkeit.

## Checkliste: Habe ich Klarheit?

*Prüfe, ob deine Abläufe so dokumentiert und organisiert sind, dass Tools wirklich greifen können.*

**Bereich 1: Prozessklarheit**

☐ Ich habe mindestens 3 Kernprozesse schriftlich dokumentiert (z. B. Kunden-Onboarding, Rechnungsstellung, Marketing).

☐ Ich weiß genau, welche Aufgaben zu welchem Prozess gehören, und wer sie ausführt.

☐ Jeder Prozess hat ein klares Start- und Endergebnis (z. B. »*Rechnung bezahlt*« statt »*irgendwann erledigt*«).

**Bereich 2: Standards & Routinen**

☐ Für wiederkehrende Aufgaben gibt es definierte Standards (z. B. »*Jede Kundenanfrage wird binnen 24 Stunden beantwortet*«).

☐ Ich nutze feste Routinen, um Übersicht zu behalten (z. B. wöchentlicher Review, Monatsabschluss).

☐ Ich habe feste Ablageorte für Dokumente, und jeder weiß, wo etwas zu finden ist.

**Bereich 3: Transparenz & Datenfluss**

☐ Wichtige Informationen liegen zentral, nicht in E-Mails oder Köpfen.

☐ Ich weiß, wo Daten doppelt gepflegt werden, und wie ich das künftig vermeiden kann.

☐ Entscheidungen basieren auf nachvollziehbaren Informationen, nicht nur auf Bauchgefühl.

**Auswertung:**

- Wenn du hier 7 von 9 Punkten abhaken kannst, ist dein Fundament stabil genug, um Tools sinnvoll einzusetzen.
- Wenn weniger: Fokussiere dich zuerst auf Prozesssichtbarkeit und Standardisierung, bevor du neue Tools kaufst.

# 4

# Die richtigen Tools auswählen

## Orientierung im Tool-Dschungel

Wenn du den ersten Überblick über deine Prozesse gewonnen hast, kommst du an einen Punkt, der gleichzeitig faszinierend und einschüchternd sein kann: die Auswahl der passenden Werkzeuge. Der Markt für digitale Tools ist riesig. Für jede Aufgabe gibt es nicht nur eine Lösung, sondern oft Dutzende. Manche wirken auf den ersten Blick verlockend, weil sie modern aussehen, andere werden von Kollegen empfohlen, wieder andere tauchen in Vergleichsartikeln als Geheimtipp auf. Schnell entsteht das Gefühl, in einem Dschungel zu stehen: Überall wuchern Angebote, und du weißt nicht, welchen Weg du einschlagen sollst.

Die Kriterien, anhand derer du Tools beurteilst, sind ein erster zentraler Aspekt. Viele lassen sich von glänzenden Funktionen oder schicken Oberflächen blenden. Aber die eigentlichen Standards sind einfacher: Kosten, Nutzen und Benutzerfreundlichkeit.

Kosten sind dabei nicht nur die offensichtlichen Gebühren, sondern auch der Aufwand, ein Tool einzuführen, zu pflegen und zu nutzen. Nutzen bedeutet, dass das Tool wirklich ein Problem löst, das dir oder deinem Team aktuell Energie raubt. Und die Usability beschreibt, wie intuitiv es sich bedienen lässt.

Anna erinnert sich noch gut an die Phase, in der sie beschloss, ihr wachsendes Coaching-Business *»endlich professionell«* aufzustellen. Voller Motivation investierte sie in ein großes CRM-System, das angeblich alles konnte. Von detaillierten Reports über automatisierte E-Mail-Kampagnen bis hin zu komplexen Verkaufs-Funnels. Auf dem Papier klang das nach der perfekten Lösung. In der Praxis war es das Gegenteil.

Nach wenigen Wochen stellte sich heraus, dass sie kaum fünf Prozent der Funktionen nutzte. Der Rest wirkte überladen, kompliziert und raubte mehr Zeit, als er sparte. Ihr kleines Team war frustriert, weil niemand genau wusste, wo welche Daten hingehörten. Und die monatlichen Kosten liefen trotzdem weiter.

Erst als Anna den Mut fasste, das System wieder abzuschaffen und auf eine einfache, intuitive Lösung umzusteigen, änderte sich alles. Plötzlich funktionierte die Kundenverwaltung reibungslos, und sie konnte sich wieder auf ihre eigentliche Arbeit konzentrieren, anstatt auf die Verwaltung der Tools. Erst da entfaltete die Digitalisierung ihren wahren Nutzen: weniger Aufwand, mehr Klarheit, mehr Fokus auf das, was wirklich zählt.

Ein Tool muss nicht das Beste auf dem Markt sein, es muss das Beste für dich sein. Ein kleines Beratungsunternehmen braucht keine Enterprise-Lösung mit tausend Features. Es braucht Werkzeuge, die intuitiv sind, die sich nahtlos in den Alltag einfügen und die in kurzer Zeit erlernbar sind. Gerade Usability wird oft unterschätzt. Wenn ein Tool so kompliziert ist, dass niemand es gerne benutzt, wird es nie seinen Wert entfalten, egal, wie leistungsfähig es auf dem Papier ist.

Ein weiteres zentrales Thema ist die Frage: »*All-In-One oder spezialisierte Tools?*«

Viele Anbieter werben damit, dass ihre Plattform »*alles*« kann: Kommunikation, Aufgabenmanagement, Rechnungen, CRM, Marketing. Der Gedanke ist verlockend: ein zentrales System, eine Oberfläche, ein Log-in. In der Praxis gibt es jedoch Vor- und Nachteile.

Ein einfaches Rechenbeispiel zeigt die Unterschiede: Eine All-in-One-Lösung kostet 150 Euro pro Monat und deckt alle Basisfunktionen ab. Allerdings nur oberflächlich. Für spezialisierte Tools musste ein Unternehmen drei einzelne Lizenzen je 60 Euro buchen, also 180 Euro pro Monat. Auf den ersten Blick teurer, in der Praxis jedoch effizienter: Rechnungen erfüllen die gesetzlichen Vorgaben, das Projektmanagement funktioniert reibungslos, und die Zeitersparnis übersteigt die 30 Euro Mehrkosten bei weitem. Genauso gibt es Unternehmer, die bewusst auf spezialisierte Tools setzen. Sie wählen für jede Aufgabe das passende Werkzeug und verbinden die Systeme über Schnittstellen. Das gibt ihnen mehr Flexibilität und oft mehr Tiefe in den Funktionen. Doch es erfordert auch mehr Koordination. Wer diesen Weg geht, muss sicherstellen, dass die Tools miteinander kommunizieren können. Sonst entsteht ein Flickenteppich, der mehr Probleme schafft, als er löst.

Die Wahrheit liegt, wie so oft, in der Mitte. Für die meisten KMU ist eine hybride Lösung sinnvoll: ein zentrales Hauptsystem, das die Basisfunktionen abdeckt, ergänzt durch einige spezialisierte Tools für besondere Anforderungen. Wichtig ist, bewusst zu entscheiden, statt sich treiben zu lassen. All-In-One klingt bequem, spezialisierte Tools wirken oft professioneller. Doch die entscheidende Frage bleibt: *»Passt es zu meinen Prozessen?«*

Ein dritter Aspekt, der gerade für kleine Unternehmen oft unterschätzt wird, ist Sicherheit und Datenschutz. Viele sehen Tools vor allem unter dem Gesichtspunkt der Funktionen und Kosten. Doch spätestens, wenn Kundendaten im Spiel sind, wird Datenschutz entscheidend. Coaches und Berater arbeiten mit vertraulichen Informationen. Wenn diese Informationen unsicher gespeichert werden, drohen nicht nur rechtliche Konsequenzen, sondern auch Vertrauensverluste bei den Kunden.

Ein Unternehmen speicherte jahrelang vertrauliche Kundendaten in einer einfachen Cloud-App ohne Verschlüsselung. Namen, Kontaktdaten und sogar sensible Notizen lagen praktisch offen. Als ein Kunde nachfragte, wie seine Informationen geschützt seien, konnte niemand eine klare Antwort geben. Das Vertrauen war dahin. Nicht wegen schlechter Leistung, sondern wegen mangelnder Professionalität im Umgang mit Daten. Erst der Umstieg auf ein sicheres System mit klaren Zugriffsrechten stellte wieder Vertrauen her.

Sicherheit und Datenschutz sind kein Luxus, sie sind ein Muss. Sie betreffen nicht nur große Unternehmen, sondern jeden, der mit Kundendaten arbeitet. Praktisch heißt das: Achte bei der Auswahl von Tools darauf, wo die Daten gespeichert werden, welche Verschlüsselung genutzt wird und ob die Anbieter gängige Standards wie die DSGVO erfüllen. Kunden spüren sofort, ob du hier verantwortungsvoll handelst.

Die Orientierung im Tool-Dschungel gelingt also nicht durch das Auswendiglernen von Produktempfehlungen, sondern durch Klarheit in drei Dimensionen: Welche Kriterien sind wirklich entscheidend? Welche Strategie passt zu meinem Unternehmen? All-In-One, spezialisiert oder eine Mischung? Und wie stelle ich sicher, dass Sicherheit und Datenschutz nicht zur Schwachstelle werden?

Wenn du digitale Werkzeuge auswählst, achte unbedingt darauf, dass du deine Daten schnell exportieren kannst, etwa als CSV-Datei oder über eine offene Schnittstelle. So vermeidest du, dich dauerhaft an einen Anbieter zu binden. Systeme, die miteinander kommunizieren können, ersparen später viel Aufwand. Offenheit ist kein Luxus, sondern Zukunftssicherheit.

Und genau darum geht es: Auch Tools sind kein Selbstzweck. Sie sind Werkzeuge, die dir helfen sollen, effizienter, professioneller und konkurrenzfähiger zu werden. Wer sich im Dschungel verliert, läuft Gefahr, den Blick für das Wesentliche zu verlieren. Wer dagegen bewusst auswählt, findet nicht nur Orientierung, sondern auch Sicherheit. Und aus Sicherheit entsteht Gelassenheit. Die beste Grundlage, um Digitalisierung als Gewinn und nicht als Belastung zu erleben.

Manchmal hilft es, vor einer Entscheidung kurz auf Distanz zu gehen. Gerade wenn externe Dienstleister oder Agenturen ins Spiel kommen, ist Klarheit entscheidend, nicht Vertrauen allein.

Die folgenden fünf Fragen helfen dir, die richtigen Partner auszuwählen, ohne dich in Abhängigkeiten zu verstricken. Sie schaffen Transparenz, schützen dich vor teuren Fehlentscheidungen und sorgen dafür, dass du auch in zwölf Monaten noch frei entscheiden kannst, mit wem und womit du arbeitest:

1. **Daten & DSGVO:**
   *»Wo liegen meine Daten, wer hat Zugriff, wie bekomme ich sie wieder heraus (Export)?«*
2. **Schnittstellen:**
   *»Gibt es Anbindungen zu meinen Kern-Tools (CRM, Faktura, Website)?«*
3. **Transparenz & Kosten:**
   *»Was kosten das Set-up, der laufende Betrieb und der Support? Und was ist im Notfall?«*
4. **Kompetenz & Referenzen:**

*»Welche ähnlichen KMU-Projekte wurden umgesetzt und mit welchem Ergebnis?«*

5. **Exit-Strategie:**

*»Wie ziehe ich nach 12-24 Monaten ohne Stress um (Datenübernahme, Kündigungsfristen)?«*

## Vom Vergleichen zum Entscheiden

Der Markt für digitale Tools ist riesig - und genau das ist das Problem. Die meisten Unternehmer verlieren sich im Vergleich: Sie lesen Testberichte, probieren Demos aus, brechen wieder ab. Und am Ende bleibt alles beim Alten.

Doch Digitalisierung beginnt nicht mit Recherche, sondern mit Entscheidung. Statt Hunderte Tools gegeneinander abzuwägen, kannst du auf erprobte Kombinationen setzen: sogenannte Starter-Stacks.

Diese Starter-Stacks sind keine theoretischen Modelle, sondern praxiserprobte Werkzeug-Sets, die die wichtigsten Abläufe eines Coaching- oder Beratungsunternehmens bereits abbilden. Sie bestehen aus aufeinander abgestimmten Tools, die sich im Alltag bewährt haben - von der Terminbuchung über Projektsteuerung bis zur Faktura. Du musst sie nicht selbst zusammenstellen, sondern kannst direkt mit dem System starten, das zu deinem Arbeitsstil und deiner Unternehmensgröße passt.

Jedes Coaching-, Trainings- oder Beratungsbusiness folgt im Kern denselben Schritten: Ein Kunde meldet sich, ein Termin wird vereinbart, ein Projekt läuft, und am Ende folgt die Rechnungsstellung samt Nachbetreuung. Diese Abfolge ist universell. Der Unterschied liegt darin, wie gut sie organisiert ist. Genau hier helfen Starter-Stacks: Sie bringen Struktur in diese Kette und schaffen sofort spürbare Entlastung.

Ihr Vorteil liegt in der Einfachheit. Du bekommst ein Set, das funktioniert, egal, ob du gerade beginnst oder schon mitten im Tagesgeschäft stehst. Und du kannst es jederzeit erweitern, wenn deine Ansprüche oder dein Team wachsen.

Der Grundgedanke ist einfach: Ein System, das du nutzt, ist wertvoller als das perfekte System, das du nie einführst.

Die folgenden drei Starter-Stacks zeigen dir, wie du mit minimalem Aufwand maximale Struktur erreichst, und wie du den Punkt überwindest, an dem viele scheitern: ewig planen, aber nie anfangen. Egal, mit welchem Stack du startest: Entscheidend ist nicht, was du wählst, sondern dass du wählst.

## Der Kosten-Minimalist

Dieser Stack nutzt Tools, die du vermutlich bereits hast. Er hilft dir, schnell Ordnung zu schaffen, ohne Geld in neue Systeme zu investieren. Du strukturierst deine Termine, Dokumente und Rückmeldungen und das alles mit Bordmitteln.

**Typischer Prozess:**

Anfrage → Termin → Meeting → Ablage → Feedback

**Tools und Anwendung:**

- *Kalender mit Buchungsseite:* Richte im Google Kalender oder Outlook/Teams deine verfügbaren Zeitfenster ein. So können Kunden selbst Termine buchen, ohne E-Mail-Pingpong.
- *Videomeetings:* Führe Gespräche über Google Meet oder Microsoft Teams. Beide sind stabil, leicht zu bedienen und für Einzelcoachings wie Gruppentermine geeignet.
- *Dateiablage:* Nutze Google Drive oder OneDrive, um Unterlagen zentral zu speichern. Lege pro Kunde einen Ordner an. Das bringt sofort eine erste Struktur.
- *Formulare:* Verwende Google Forms oder Microsoft Forms, um Feedback nach dem Coaching oder

Trainingsanmeldungen zu sammeln. So erhältst du Auswertungen automatisch.

**Warum das funktioniert:**

Du nutzt Systeme, die du bereits kennst, und bringst Ordnung in deinen Alltag, ohne neue Tools lernen zu müssen. Damit schaffst du den idealen Einstieg in die Digitalisierung - pragmatisch, schnell und kostenlos.

**Stärken:**

- Sofort startklar, da die meisten Tools ohnehin vorhanden sind.
- Kein zusätzlicher finanzieller Aufwand.
- Ideal, um erste digitale Routinen aufzubauen.

**Schwächen:**

- Wenig Automatisierung, viele Dinge müssen manuell erledigt werden.
- Daten liegen verteilt in verschiedenen Tools, was Disziplin erfordert.
- Kaum Auswertungen oder Prozessverknüpfungen möglich.

**Für wen ist es geeignet:**

Für Einzelunternehmer und Berater, die mit minimalem Aufwand starten möchten. Wenn du noch nie mit digitalen Systemen gearbeitet hast, ist dieser Stack perfekt, um Struktur zu schaffen, ohne dich zu überfordern.

## Der All-in-One-Einsteiger

Dieser Stack ist für alle, die ihr Geschäft auf eine zentrale Plattform bringen wollen. Zoho One bündelt viele Bereiche unter einem Dach - von der Kundenverwaltung über Angebote und Rechnungen bis hin zu Automatisierungen. Du arbeitest mit einem Log-in, einer Benutzeroberfläche und einem einheitlichen Datenbestand.

**Typischer Prozess:**

Anfrage → CRM → Angebot → Termin → Rechnung → Reporting

**Tools und Anwendung:**

- *Bigin by Z*oho CRM: Alle Kundenkontakte, Anfragen und Verkaufschancen werden zentral gespeichert. Du siehst auf einen Blick, wer gerade im Onboarding ist oder auf ein Angebot wartet.
- *Zoho Invoice*: Erstellt professionelle, rechtssichere Rechnungen, verwaltet Zahlungseingänge und erinnert automatisch an offene Beträge.
- *Zoho One*: Bietet zusätzlich E-Mail, Kalender, Automatisierung, Aufgabenverwaltung und Reporting - alles in einer Plattform.
- *Automatisierung*: Wiederkehrende Abläufe wie E-Mail Follow-ups oder Rechnungserstellung können automatisiert werden. Ein echter Zeitsparer.

**Warum das funktioniert:**

Du arbeitest mit einem durchgängigen System, das sich wie ein roter Faden durch deinen Arbeitsalltag zieht. Statt ständig zwischen Tools zu springen, hast du alles an einem Ort - übersichtlich, integriert und erweiterbar.

**Stärken:**

- Alle Module greifen ineinander, kein Datensalat zwischen Systemen. Ein Log-in, eine Oberfläche, einheitliche Struktur.
- Skalierbar: Wenn dein Unternehmen wächst, wächst das System mit.
- Ideal, um Ordnung, Transparenz und Automatisierung zu verbinden.
- Zoho bietet mit dem »*Concierge*« Service auch Unterstützung dabei, aus den über 50 in Zoho One enthaltenen Tools die für dich richtigen auszuwählen.

**Schwächen:**

- Der Einstieg braucht etwas Zeit. Die Einrichtung und Grundlogik müssen einmal sauber definiert werden.
- Der Nutzen zeigt sich erst richtig, wenn du deine Prozesse klar beschreibst und konsequent arbeitest.

**Für wen ist es geeignet:**

Für Coaches, Berater und kleine Teams, die langfristig eine professionelle, integrierte Plattform suchen.

Wenn du planst, dein Unternehmen zu skalieren oder Arbeitsschritte an eine Assistenz zu delegieren, ist dieser Stack ideal. Er verlangt am Anfang etwas mehr Aufmerksamkeit, entlastet dich später aber dauerhaft.

## Der Best-of-Breed-Stack

Dieser Stack kombiniert spezialisierte Einzeltools, die jeweils in ihrem Bereich führend sind. Er ist ideal, wenn du die volle Kontrolle behalten möchtest und Wert auf Flexibilität legst, also lieber die besten Werkzeuge für jeden Zweck nutzt, statt alles in einem System zu bündeln.

**Typischer Prozess:**

Anfrage → Termin → Projekt/Leistung → Faktura → Follow-up

**Tools und Anwendung:**

- *eTermin.net*: Kunden buchen selbstständig Termine, die automatisch in deinem Kalender erscheinen. Du sparst dir die Abstimmung und wirkst professionell.
- *ProSaldo.net (AT) oder sevDesk (DE)*: Rechnungen, Angebote und Zahlungen laufen automatisiert. Beide Tools sind auf ihr jeweiliges Land zugeschnitten und rechtlich auf dem neuesten Stand.
- *Awork*: Organisiere Projekte, Aufgaben und Deadlines in Boards oder Listen. Ideal für die tägliche Übersicht.
- *n8n, Make oder Zapier (optional)*: Diese Tools verbinden die Systeme miteinander. Zum Beispiel: Wenn ein Kunde in eTermin bucht, wird automatisch eine Rechnung in ProSaldo oder sevDesk angelegt.

**Warum das funktioniert:**

- Du kombinierst Werkzeuge, die in ihrer jeweiligen Kategorie Spitzenreiter sind. Jedes Tool macht genau das, was es soll - und zwar richtig gut.

- Mit optionalen Automatisierungen kannst du sie intelligent verknüpfen und Routinearbeit eliminieren.

**Stärken:**

- Hohe Flexibilität und Anpassbarkeit an individuelle Abläufe.
- Jedes Tool erfüllt seine Aufgabe in maximaler Qualität.
- Besonders geeignet für österreichische und deutsche Unternehmen, da Faktura-Tools lokale Anforderungen (z. B. FinanzOnline oder Elster) abbilden.

**Schwächen:**

- Mehr initialer Aufwand, da mehrere Systeme gepflegt werden müssen.
- Erfordert grundlegendes Verständnis für Schnittstellen und Datenflüsse.
- Ohne Dokumentation besteht die Gefahr, den Überblick zu verlieren.

**Für wen ist es geeignet:**

Für erfahrene Solopreneure oder KMU, die ihre Prozesse bereits kennen und bewusst kombinieren wollen.

Dieser Stack bietet maximale Freiheit, setzt aber auch ein gewisses digitales Verständnis voraus. Wenn du noch am Anfang stehst oder dich leicht von Technik überfordert fühlst, ist das nicht der richtige Einstieg.

Starte lieber mit einer einfacheren, integrierten Lösung - du kannst später immer noch auf diese Variante umsteigen, sobald du mehr Routine hast.

# Must-have-Tools für KMU

Wenn du den Überblick im Tool-Dschungel gefunden hast und weißt, welche Kriterien wirklich zählen, stellt sich die nächste Frage: »*Welche Werkzeuge sind für kleine und mittlere Unternehmen im Coaching-, Trainings- und Beratungsbereich tatsächlich unverzichtbar?*«

Natürlich ist jede Situation individuell, aber es gibt bestimmte Kategorien von Tools, die fast immer einen spürbaren Unterschied machen. Sie betreffen die Kernaufgaben jedes Unternehmens: Angebote und Rechnungen, Projekte und Aufgaben, Kommunikation intern und mit Kunden sowie die Kundenverwaltung (CRM).

**Die Tool-Landkarte:** Sie zeigt die Kernbereiche, in denen Digitalisierung die größte Wirkung entfaltet. Wähle in jeder Zone ein System, das zu deinem Prozess passt und halte die Verbindungen schlank.

Beginnen wir mit dem Thema Faktura und Angebotsverwaltung. Viele Coaches und Berater erstellen ihre Angebote noch in Word, speichern sie als PDF und verschicken sie manuell per E-Mail oder drucken sie sogar aus, um sie per Post zu versenden. Rechnungen entstehen in Excel oder mit Vorlagen, die immer wieder neu angepasst werden müssen. Auf den ersten Blick wirkt das pragmatisch, in Wirklichkeit kostet es Zeit und sorgt für Fehlerquellen.

In den kommenden Jahren wird dieser Bereich zudem rechtlich deutlich relevanter: Mit 1. Januar 2025 startete in Deutschland die verpflichtende Einführung der E-Rechnung[3] im B2B-Bereich. Schrittweise müssen alle Unternehmen in der Lage sein, strukturierte, maschinenlesbare Rechnungen zu erstellen und zu empfangen. Klassische PDFs oder Word-/Excel-Dateien gelten dann nicht mehr als rechtskonforme E-Rechnungen.

Bis Ende 2026 sind Papierrechnungen nur noch mit Zustimmung des Empfängers erlaubt; ab 2028 gilt die volle Pflicht für alle Unternehmen. In Österreich besteht derzeit nur eine Pflicht für Rechnungen an Behörden, doch eine EU-weite Vereinheitlichung ist bis spätestens 2028 geplant.

Das bedeutet: Wer heute noch auf Word oder Excel setzt, wird bald nicht nur mehr Zeit verlieren, sondern auch gesetzliche Probleme riskieren. Ein professionelles Faktura-Tool ist also nicht mehr »*nice to have*«, sondern ein klarer Pflichtschritt für korrekte Rechnungen, automatische Zahlungsabläufe und Rechtssicherheit in der digitalen Zukunft.

Anna verbrachte jedes Jahr unzählige Stunden damit, Rechnungen manuell zu prüfen: mal fehlte die Umsatzsteuer-ID, mal war die Rechnungsnummer doppelt vergeben, mal das Zahlungsziel unklar. Sie wusste, dass das eigentlich nicht mehr zeitgemäß war, aber zwischen Coaching, Kundenterminen und Administration blieb keine Zeit, sich tiefer mit dem Thema zu beschäftigen. Immer wieder nahm sie sich vor, »*irgendwann ein richtiges System*« einzuführen. Doch solange es irgendwie ging, blieb alles beim Alten. Inklusive des Gefühls, zu viel Zeit mit Kleinigkeiten zu verlieren.

Ein zweiter Bereich, der enormen Einfluss auf die Effizienz hat, ist das Projekt- und Aufgabenmanagement. Viele kleine Unternehmen arbeiten mit E-Mails und Notizen, um Projekte zu

---

3 Quelle: Industrie- und Handelskammer Frankfurt am Main: »*E-Rechnungspflicht ab 2025*« - https://www.schilde.eu/r/aD6

steuern. Das funktioniert, solange du allein bist oder nur wenige Kunden betreust. Doch sobald mehrere Projekte parallel laufen oder ein Team eingebunden ist, geht schnell der Überblick verloren. Hier helfen zentrale Tools, die Aufgaben an einem Ort bündeln und so Struktur schaffen.

Ebenso wichtig wie die Aufgabensteuerung ist die Kommunikation und Kollaboration. Nichts kostet mehr Nerven, als wenn Informationen über zu viele Kanäle verteilt sind. Ein internes Kommunikationstool wie Slack oder Microsoft Teams kann hier Ordnung schaffen: Dateien, Fragen und Absprachen liegen an einem Ort, die E-Mail-Flut nimmt ab, und Diskussionen werden nachvollziehbar.

E-Mails von Kunden bleiben natürlich ein zentraler Kanal. Sie landen aber nicht mehr irgendwo, sondern werden automatisch in deinem Kommunikationstool gesammelt. So behältst du auch externe Anfragen im Blick und hast intern trotzdem alles gebündelt: Nachrichten, Aufgaben, Entscheidungen. Der Vorteil: Du kannst direkt aus diesen Tools heraus antworten, ohne ständig zwischen Postfach und Chat wechseln zu müssen. Eine Struktur, die den Unterschied macht.

Zoom oder andere Videokonferenzsysteme sind inzwischen fast selbstverständlich, aber auch hier lohnt sich ein genauer Blick. Nicht jedes Tool ist gleich. Manche bieten einfache Meetings, andere ermöglichen ganze Webinare mit automatischen Aufzeichnungen und Teilnehmerlisten. Ein Tool, das für die einen nur Meeting-Ersatz ist, wird für andere zur Quelle neuer Geschäftsmodelle.

Schließlich gibt es noch den Bereich CRM-Systeme und Kundenverwaltung. Viele KMU und insbesondere EPU unterschätzen diesen Teil, weil sie glauben, ein CRM-System sei nur für große Firmen relevant. In der Praxis ist das Gegenteil der Fall. Gerade kleine Unternehmen leben von persönlichen Beziehungen. Je strukturierter diese gepflegt werden, desto professioneller wirkt das Unternehmen.

Auch beim Thema Kundenverwaltung erkannte Anna, wie wichtig klare Strukturen sind. Sie hielt alle ihre Kundendaten in Excel fest. Pragmatisch, aber chaotisch. Solange sie nur eine

Handvoll aktiver Kunden betreute, funktionierte das irgendwie. Doch je mehr Anfragen hereinkamen, desto schwieriger wurde es, den Überblick zu behalten: Wer war gerade im Onboarding? Wer wartete auf ein Angebot? Wer hatte schon verlängert? Immer öfter suchte sie nach Informationen, statt einfach zu arbeiten. Da ahnte sie: Es musste eine bessere Lösung geben, um die notwendige Struktur zu schaffen, bevor alles zu unübersichtlich wurde.

Das alles zeigt: Faktura, Projektmanagement, Kommunikation und CRM-System sind keine »*nice to have*«-Themen, sondern echte Must-haves. Sie betreffen die grundlegenden Abläufe jedes Unternehmens. Wer hier digitalisiert, erlebt sofort einen Unterschied. Weniger Chaos, mehr Überblick, weniger Stress.

Das Entscheidende ist, diese Tools nicht als Selbstzweck zu sehen, sondern als Mittel, die eigenen Prozesse zu unterstützen. Sie sollen nicht zusätzliche Arbeit schaffen, sondern bestehende Arbeit erleichtern. Deshalb lohnt es sich, klein anzufangen, Erfahrungen zu sammeln und die Systeme schrittweise auszubauen.

## Smarte Helfer im Alltag

Wer seine Basisprozesse mit den richtigen Tools organisiert hat, steht irgendwann an einem spannenden Punkt: Die Dinge laufen runder, Rechnungen werden digital erstellt, Projekte strukturiert, Kommunikation gebündelt. Doch dann entsteht die nächste Frage: »*Wie lässt sich das Ganze noch unkomplizierter, schneller und intelligenter gestalten?*«

Genau hier kommen smarte Helfer ins Spiel. Tools, die Routinearbeit übernehmen, Entscheidungen unterstützen oder ganze Abläufe automatisieren.

Ein Beispiel für diesen Ansatz sind Automatisierungstools wie Zapier, Make oder n8n. Sie sind so etwas wie die stillen Helfer im Hintergrund, die verschiedene Systeme miteinander verbinden. Viele Unternehmer kennen das Problem. Kundendaten müssen von einem Formular ins CRM-System übertragen werden. Rechnungen müssen manuell erstellt werden. Mails müssen an die richtigen Personen weitergeleitet werden. Jeder dieser Schritte wirkt klein, aber in der Summe fressen sie Stunden. Automatisierungstools machen Schluss damit, indem sie die Systeme miteinander sprechen lassen.

Viele Unternehmer stehen vor der Herausforderung, neue Kunden manuell in ihre Datenbanken einzutragen, Rechnungen zu erstellen und Willkommensmails zu versenden. Jeder dieser Schritte kann zwar nur wenige Minuten in Anspruch nehmen, aber bei einer Vielzahl neuer Kunden pro Woche summiert sich der Aufwand schnell. Durch den Einsatz von Automatisierungstools wie Zapier können Anmeldeformulare direkt mit dem CRM-System verbunden werden. Sobald ein Kunde seine Daten eingibt, geschieht die Anlage automatisch, eine Rechnung wird generiert und eine personalisierte Mail verschickt. Der gesamte Prozess, der zuvor eine Stunde pro Woche in Anspruch nahm, läuft nun im Hintergrund ab. Dies zeigt, wie wertvoll Automatisierung sein kann, und viele Unternehmer erkennen erst später, dass sie durch diese Tools einen kleinen digitalen Assistenten an ihrer Seite haben.

Interessant ist auch, wie unterschiedlich Unternehmer Automatisierung wahrnehmen. Manche sehen sie als technische Spielerei, andere als strategischen Hebel. Wer den zweiten Blick einnimmt, erkennt: Automatisierung ist kein Luxus, sondern eine Investition. Jeder automatisierte Ablauf spart Zeit, reduziert Fehler und schafft Freiraum für wertschöpfende Tätigkeiten.

Noch einen Schritt weiter geht die Unterstützung durch künstliche Intelligenz. Lange Zeit war KI ein Schlagwort, das nach Zukunftsmusik klang. Heute ist sie Alltag. Tools wie ChatGPT, Claude oder Gemini sind nicht mehr nur Experimentierfelder für Technikbegeisterte, sondern echte Produktivitätshelfer.

Bei KI-gestützten Werkzeugen ist die Schwierigkeit nicht die Technik, sondern die Erwartung. Wer erwartet, dass eine Maschine perfekte Ergebnisse liefert, wird enttäuscht. Wer sie jedoch als Unterstützung versteht, die Ideen liefert, Arbeitsschritte beschleunigt und Routineaufgaben abnimmt, erlebt einen echten Produktivitätsschub. Die Kunst liegt darin, KI in die eigenen Prozesse einzubetten, ohne ihr die Verantwortung zu überlassen.

Während Automatisierung und KI oft im kreativen oder organisatorischen Bereich wirken, gibt es noch einen dritten Bereich, in dem smarte Helfer unverzichtbar sind: die Finanzen und Administration. Viele KMU unterschätzen, wie viel Energie in der Buchhaltung, Belegverwaltung und Steuerfragen steckt. Dabei gibt es längst spezialisierte Tools, die genau hier entlasten.

Doch gerade hier zeigt sich eine Besonderheit, die speziell für Österreich wichtig ist. Viele Buchhaltungstools kommen aus Deutschland und sind dort perfekt integriert. Aber im österreichischen Umfeld fehlt oft die vollständige Anbindung an unsere lokalen Schnittstellen.

sevDesk zum Beispiel bietet aktuell nur eine direkte Schnittstelle zu Elster, dem deutschen Finanzportal. Für österreichische Unternehmer bedeutet das, dass sie ihre Umsatzsteuervoranmeldungen weiterhin manuell im FinanzOnline-Portal abgeben müssen.

Dazu kommt, dass österreichische Steuersätze in manchen Tools nicht automatisch hinterlegt sind und erst mühsam eingerichtet werden müssen. Auch die Anbindung von Registrierkassen an das österreichische Finanzamt ist mit manchen internationalen Lösungen schwierig oder gar nicht vorgesehen.

Genau deshalb lohnt es sich, einen Blick auf österreichische Alternativen zu werfen. Neben freefinance.at gibt es ProSaldo.net und runbill.com, die auch direkte Schnittstellen zu FinanzOnline bieten. Das bedeutet, dass Voranmeldungen automatisch übertragen werden können, ohne den Umweg über manuelle Eingaben. ProSaldo.net punktet besonders bei KMU, die großen Wert auf eine umfassende Integration in die österreichische Steuerlogik legen. Runbill.com wiederum ist für Unternehmer interessant, die eine besonders einfache Handhabung suchen, aber trotzdem die volle FinanzOnline-Anbindung brauchen.

Eine Beraterkollegin, die lange mit sevDesk gearbeitet hatte, berichtete mir, dass sie irgendwann frustriert war, weil sie regelmäßig manuelle Eingaben und Korrekturen in FinanzOnline vornehmen musste. Sie wechselte zu ProSaldo.net und sagte später: »*Ich habe endlich das Gefühl, dass mein Tool für Österreich gemacht ist, und nicht, dass ich es jedes Mal zurechtbiegen muss.*«

Die Lehre daraus ist klar: Buchhaltungslösungen müssen nicht nur technisch gut sein, sondern auch zum rechtlichen Umfeld passen. Wer in Österreich arbeitet, sollte gezielt prüfen, ob das Tool eine FinanzOnline-Schnittstelle hat und wie gut es österreichische Besonderheiten abbildet. Nur dann entsteht wirklich der Effekt, den wir uns von Digitalisierung wünschen. Nämlich Entlastung statt zusätzlicher Arbeitsschritte.

All diese Beispiele zeigen: Smarte Helfer im Alltag sind keine Spielerei, sondern konkrete Entlastung. Automatisierungstools übernehmen Routineaufgaben, KI-gestützte Lösungen liefern Tempo und Inspiration, Finanz- und Admin-Tools schaffen Überblick und Ruhe. Gemeinsam bilden sie das Rückgrat eines modernen Unternehmens.

Das Entscheidende ist, diese Helfer bewusst einzusetzen. Nicht jedes Tool ist für jedes Unternehmen sinnvoll. Der Schlüssel liegt darin, die Stellen zu identifizieren, an denen die meiste Energie verloren geht, und dort gezielt digitale Unterstützung einzubauen.

## Was du mitnehmen solltest

- Tools sind nur dann wertvoll, wenn sie ein konkretes Problem lösen. Nicht, wenn sie auf dem Papier glänzen.
- Einfache, intuitive Systeme sind oft besser als komplexe Alleskönner, die niemand bereitwillig nutzt.
- All-in-One-Lösungen bringen Übersicht, spezialisierte Tools Tiefe. In der Praxis funktioniert oft eine Mischung am besten.
- Sicherheit und Datenschutz sind Pflicht: Achte darauf, wie und wo Daten gespeichert werden.
- Für Österreich gilt: Buchhaltungs- und Faktura-Tools müssen sauber mit FinanzOnline und lokalen Vorgaben zusammenspielen.
- Die echten »*Must-haves*« sind Faktura/Angebote und CRM. Je nach Unternehmen auch Projekt- und Aufgabenmanagement und Teamkommunikation.
- Smarte Helfer wie Automatisierungstools oder KI sparen Zeit im Hintergrund und machen Abläufe spürbar einfacher.

## Checkliste: Passt das Tool wirklich?

*Vermeide Fehlkäufe, indem du prüfst, ob ein Tool zu deinem Unternehmen passt. Nicht umgekehrt.*

**Vor dem Kauf / Test:**

- ☐ Ich habe genau definiert, welches Problem das Tool lösen soll (nicht: »*Ich brauche etwas für alles*«).
- ☐ Ich weiß, in welchen bestehenden Prozess das Tool eingebettet wird.
- ☐ Ich habe 2-3 Alternativen recherchiert und sie anhand klarer Kriterien verglichen (z. B. mit der Tool-Auswahl-Matrix).

**Beim Testen:**

- ☐ Ich teste das Tool mit echten Daten oder Aufgaben aus meinem Alltag. Nicht nur mit Demo-Beispielen.
- ☐ Ich kann es selbst bedienen, ohne jedes Mal nachsehen zu müssen.
- ☐ Ich merke im Alltag, dass das Tool mir Arbeit abnimmt, statt neue zu schaffen.

**Nach 2-4 Wochen Nutzung:**

- ☐ Ich nutze das Tool regelmäßig. Nicht, weil ich »*muss*«, sondern weil es mir das Leben erleichtert.
- ☐ Ich habe mindestens 20 Prozent Zeitersparnis oder deutlich weniger Fehler im betreffenden Prozess.

☐ Ich weiß, wie ich meine Daten aus dem Tool exportieren oder sichern kann (z. B. für den Fall eines Anbieterwechsels).

**Auswertung:**

- Wenn du weniger als 2 Punkte pro Abschnitt abhaken kannst, teste das Tool länger oder prüfe Alternativen.
- Wenn du fast alles abhaken kannst: Glückwunsch! Du hast ein Werkzeug gefunden, das wirklich zu deinem Unternehmen passt.

# 5

# Automatisierung im Alltag

# Routinen automatisieren

Wer seine Prozesse klar definiert und mit den passenden Tools ausgestattet hat, macht irgendwann eine spannende Entdeckung: Viele Abläufe wiederholen sich ständig. Es sind die Routinen, die jeden Tag oder jede Woche gleich ablaufen und dabei beachtliche Mengen an Zeit verschlingen. E-Mails, Terminbuchungen, Rechnungen, Zahlungen, Dokumente. Manchmal wirkt es, als ob der Großteil unserer Arbeitszeit gar nicht in die eigentliche Wertschöpfung fließt, sondern in Nebentätigkeiten, die sich wiederholen. Genau hier setzt Automatisierung an. Sie nimmt uns diese Routinen ab, ohne dass wir sie an andere delegieren müssen, und schafft Freiraum für die Arbeit, die uns wirklich wichtig ist.

**Die Automatisierungs-Pyramide:** Nachhaltige Automatisierung entsteht von unten nach oben: Zuerst Routinen digitalisieren, dann Kundenprozesse vereinfachen und schließlich Marketing & Vertrieb skalieren. Wer die Basis stärkt, kann an der Spitze wachsen.

Ein klassisches Beispiel sind E-Mail-Antworten. Fast jeder Coach oder Berater kennt das Phänomen: Viele Anfragen sind ähnlich. Kunden fragen nach Verfügbarkeiten, nach Preisen, nach Abläufen. Manche wollen eine Broschüre, andere einen Link zum Online-Meeting, wieder andere wissen nicht, ob sie ihre Rechnung schon überwiesen haben. Natürlich verdient jeder Kunde eine persönliche Antwort. Aber musst du wirklich jedes Mal von neuem tippen?

Auch Anna hatte zu Beginn große Bedenken, ihre Kommunikation zu automatisieren. Sie fürchtete, dass automatische Mails unpersönlich wirken und ihre Kunden sich weniger gut betreut fühlen könnten. Trotzdem wagte sie den Schritt. Zunächst nur bei einfachen Standardnachrichten, wie Terminbestätigungen oder Erinnerungen.

Schon nach kurzer Zeit stellte sie überrascht fest, dass die Rückmeldungen durchweg positiv waren: Ihre Kunden fühlten sich sogar besser betreut, weil Antworten schneller und klarer kamen. Was für sie zunächst wie ein Kontrollverlust wirkte, entpuppte sich als Entlastung.

Besonders stark wird Automatisierung, wenn E-Mail und Terminbuchungen ineinandergreifen. Viele Unternehmer verbringen erstaunlich viel Zeit damit, Termine abzustimmen.

Auch Anna kannte dieses Spiel nur zu gut: Ein Kunde schlägt Mittwoch um zehn vor, sie antwortet mit Freitag, der Kunde weicht auf Montag aus, und am Ende steht noch immer kein Termin.

Das kommt dir das bekannt vor? Solche Schleifen kosten Zeit, Energie und Konzentration. Digitale Buchungstools wie eTermin.net lösen das elegant: Kunden sehen deine freien Slots selbst, buchen direkt und erhalten automatisch eine Bestätigung samt Link zum Online-Meeting.

Viele empfinden automatisierte Abläufe als angenehm, weil sie Klarheit schaffen. Wie du später im Abschnitt »*Marketing & Vertrieb skalieren*« lesen wirst, kann Automatisierung sogar Nähe fördern, nicht Distanz.

In einer Zeit, in der Geschwindigkeit ein Wettbewerbsvorteil ist, ist das unbezahlbar.

Neben Kommunikation und Terminen ist ein zweiter Bereich besonders anfällig für Automatisierung: Rechnungen und Zahlungen. In vielen KMU ist die Rechnungsstellung nach wie vor ein manueller Akt. Nach jedem Coaching oder Training wird ein Word-Dokument geöffnet, Beträge eingetragen, gespeichert, als PDF exportiert und per Mail oder gar ausgedruckt und per Post verschickt. Jede Rechnung kostet so zehn bis fünfzehn Minuten. Bei zwanzig Rechnungen im Monat sind das schon fünf Stunden. Eine ganze Arbeitswoche pro Jahr nur für Rechnungen.

Auch Anna kannte das Problem nur zu gut: Rechnungen waren für sie lange eine ungeliebte Aufgabe. Nach intensiven Coaching-Tagen blieb kaum Zeit, sich um die Buchhaltung zu kümmern, also schob sie das Thema immer wieder auf. Das hatte Folgen: Zahlungen gingen verspätet ein, und am Monatsende fehlte oft der Überblick, welche Beträge noch offen waren.

Erst als Anna auf ein einfaches Faktura-Tool umstieg, änderte sich die Situation grundlegend. Rechnungen wurden automatisch erstellt, sobald ein Termin abgeschlossen war. Wiederkehrende Zahlungen liefen im Hintergrund, und Erinnerungsmails gingen ohne ihr Zutun raus. Innerhalb weniger Wochen floss das Geld zuverlässiger, und Anna hatte das Gefühl, endlich die Kontrolle über ihre Finanzen zurückzugewinnen, ohne sich länger mit Excel-Listen und verpassten Fälligkeiten herumzuschlagen.

Noch weiter geht die Automatisierung, wenn Rechnungen direkt mit Zahlungssystemen verbunden sind. Kunden können sofort per Kreditkarte, PayPal oder Überweisung bezahlen. Offene Posten werden automatisch markiert, Mahnungen verschickt. Das reduziert nicht nur den Aufwand, sondern verbessert auch die Beziehung zu den Kunden. Niemand muss hinterherlaufen, niemand fühlt sich genervt und der Prozess läuft einfach.

Ein dritter Bereich, der oft unterschätzt wird, ist das Dokumentenmanagement. Viele kleine Unternehmen haben ihre Dateien über Jahre wachsen lassen: ein Ordner auf dem Laptop, einer in der Cloud, einer auf einem USB-Stick. Verträge liegen mal in E-Mails, mal in Papierform. Präsentationen existieren in fünf Versionen, und niemand weiß, welche die aktuelle ist. Das Ergebnis ist Chaos. Und Chaos kostet Zeit.

Automatisiertes Dokumentenmanagement geht heute noch weiter. Tools können eingehende Mails analysieren und Dokumente automatisch im richtigen Ordner ablegen. Verträge lassen sich digital unterschreiben und landen sofort an der richtigen Stelle. Selbst Workflows wie Freigaben oder Erinnerungen können integriert werden. Damit verschwinden nicht nur die mühsamen Ablagen, sondern auch die kleinen Kontrollaufgaben, die sonst ständig im Kopf kreisen.

Diese Beispiele zeigen: Automatisierung ist keine abstrakte Vision, sondern eine praktische Entlastung im Alltag. Es geht nicht darum, Menschen zu ersetzen, sondern Routinen zu vereinfachen. Kunden bekommen schnellere Antworten, Termine laufen reibungsloser, Rechnungen fließen zuverlässiger, Dokumente sind sofort verfügbar. Jede einzelne Automatisierung spart vielleicht nur wenige Minuten. Doch in der Summe entstehen Stunden, Tage, ja sogar Wochen, die frei werden für die eigentliche Arbeit.

Natürlich braucht es am Anfang ein wenig Mut, diese Routinen loszulassen. Viele fürchten, die persönliche Note zu verlieren oder die Kontrolle abzugeben. Kunden erleben automatisierte Abläufe aber meist als professionell (mehr dazu liest du im Abschnitt *»Marketing & Vertrieb skalieren«*). Und Unternehmer selbst spüren schnell, dass sie mehr Kontrolle gewinnen, weil Prozesse zuverlässig und fehlerfrei laufen.

Automatisierung ist damit der Schlüssel, Routinen aus dem Weg zu räumen. Sie vereinfacht den Alltag und macht ihn planbarer und stressfreier. Und sie stellt sicher, dass Digitalisierung nicht nur ein Schlagwort bleibt, sondern eine konkrete, spürbare Verbesserung im Leben von Coaches, Trainern und Beratern.

Aber auch wenn Abläufe digital laufen, bleibt dein Blick gefragt. Prüfe regelmäßig, ob die automatisierten Schritte wirklich das bewirken, was du willst. Vor allem bei sensiblen Themen wie Kundendaten, Angeboten oder Rechnungen.

Eine gute Automatisierung spart Zeit. Aber sie braucht gelegentlich einen Moment Aufmerksamkeit, um verlässlich zu bleiben.

## Kundenprozesse automatisieren

Wenn du an Automatisierung denkst, stellst du dir vielleicht zunächst interne Abläufe vor: Rechnungen, Dokumente,

Terminplanung. Doch der vielleicht größte Hebel liegt in den Prozessen, die Kunden direkt betreffen. Denn dort entscheidet sich, ob dein Unternehmen professionell, zuverlässig und schnell wahrgenommen wird, oder ob es hinterherhinkt. Kundenprozesse zu automatisieren bedeutet nicht, Beziehungen unpersönlich zu machen, sondern sie so zu gestalten, dass sie reibungslos und angenehm sind. Wer das versteht, hat einen entscheidenden Wettbewerbsvorteil.

Bereiche, in denen das besonders spürbar wird, sind die Lead-Generierung und Follow-ups. Viele Coaches und Berater gewinnen ihre Kunden über Empfehlungen, Social Media oder Vorträge. Anfragen kommen oft per E-Mail oder über ein Kontaktformular. Doch wie häufig gehen diese Anfragen unter?

Anna bemerkte eines Tages, dass sie regelmäßig Interessenten verlor, weil sie nicht sofort antworten konnte. Ein potenzieller Kunde schrieb ihr an einem Freitagabend. Bis Montag hatte er bereits jemand anderen gebucht. Es war nicht die Qualität ihrer Arbeit, die den Ausschlag gab, sondern die Geschwindigkeit der Reaktion.

Diese Erkenntnis traf sie. Also richtete sie eine einfache automatische Antwort ein, die Interessenten sofort nach ihrer Anfrage eine persönliche, aber standardisierte Rückmeldung schickte. Inklusive Terminlink und kurzer Vorstellung ihres Angebots. Seitdem blieb kein Kontakt mehr ungenutzt, und viele Termine entstanden, bevor sie überhaupt manuell reagieren musste.

Hier setzt Automatisierung an. Wer ein Kontaktformular mit einem CRM-System verbindet, erreicht, dass jede Anfrage sofort erfasst wird. Eine automatische Bestätigungsmail vermittelt dem Interessenten direkt das Gefühl, ernst genommen zu werden.

> *»Vielen Dank für Ihre Anfrage, wir melden uns in Kürze. Hier schon einmal einige Informationen zu unseren Angeboten.«*

Diese erste Rückmeldung wirkt professionell, auch wenn die eigentliche Antwort später erfolgt (siehe Vorlage im Bonus-

Kapitel). Manche Systeme gehen noch weiter und schicken automatisch gezielte Inhalte, je nach Thema der Anfrage. Wer nach einem Workshop fragt, bekommt ein PDF mit den Details. Wer ein Coaching anfragt, erhält einen Link zur Terminbuchung. So geht keine Zeit verloren, und der Interessent fühlt sich sofort gut betreut.

Doch damit endet der Prozess nicht. Auch Follow-ups können automatisiert werden. Viele Unternehmer nehmen sich zwar vor, nach einer bestimmten Zeit noch einmal nachzufassen, doch im Alltag geht das oft unter. Mit einem CRM-System lassen sich automatische Erinnerungen oder sogar ganze E-Mail-Sequenzen einrichten. Ein Interessent, der noch nicht gebucht hat, erhält nach einer Woche eine freundliche Erinnerung, nach zwei Wochen vielleicht ein Testimonial, nach drei Wochen ein spezielles Angebot. Das ist kein Druck, sondern Service. Es zeigt, dass du den Kontakt ernst nimmst und dranbleibst.

Ein zweiter wichtiger Kundenprozess ist das Onboarding und die laufende Betreuung. Viele Unternehmer investieren viel Energie in die Kundengewinnung, aber sobald ein Kunde zusagt, beginnt ein holpriger Prozess. Verträge werden hin- und hergeschickt, Informationen fehlen, Termine werden unübersichtlich. Dabei ist gerade der erste Eindruck nach der Beauftragung entscheidend. Kunden wollen das Gefühl haben, dass sie sich richtig entschieden haben.

Bei einem großen Projekt stand Anna kurz vor einem Fiasko. Ein Unternehmen hatte bei ihr ein Coaching-Programm gebucht, doch nach der Zusage dauerte es Wochen, bis alle Unterlagen verschickt, Termine fixiert und Materialien bereitgestellt waren. Der Kunde wurde ungeduldig und fragte mehrfach nach.

Erst mit viel persönlichem Einsatz konnte Anna die Situation retten. Danach war ihr klar: So etwas durfte nicht noch einmal passieren.

Sie entwickelte daraufhin ein automatisiertes Onboarding mit standardisierten E-Mails, vorbereiteten Dokumenten und klaren Abläufen. Heute läuft jeder neue Auftrag nach demselben Schema an: Sobald ein Kunde bucht, erhält er automatisch eine Willkommensmail mit allen wichtigen Informationen. Ein digitaler Fragebogen ermöglicht, dass alle relevanten Daten direkt erfasst werden. Verträge werden über eine E-Signatur-Plattform verschickt und unterschrieben, ohne dass Papier oder PDFs hin- und hergeschickt werden. Termine landen automatisch im Kalender, und der Kunde erhält Zugriff auf einen Online-Ordner mit den Unterlagen. Was früher Wochen dauerte, geschieht nun innerhalb weniger Stunden. Nicht nur die Effizienz, sondern auch das Vertrauen wird gesteigert. Kunden erleben einen reibungslosen Start und fühlen sich sofort gut aufgehoben.

Die laufende Betreuung kann ebenfalls durch Automatisierung unterstützt werden. Systeme können nach einem Coaching automatisch Materialien verschicken, Erinnerungen an nächste Termine versenden oder kleine Feedbackfragen einbauen. Kunden erleben so kontinuierliche Aufmerksamkeit, während der Aufwand für den Unternehmer minimal bleibt.

Der dritte Bereich, in dem Automatisierung enormen Unterschied macht, ist das Feedback und die Nachfassaktionen. Viele Unternehmer wissen, dass Feedback wertvoll ist, doch sie fragen zu selten danach. Manche trauen sich nicht, andere vergessen es einfach. Das Ergebnis: Sie verpassen Chancen, ihr Angebot zu verbessern und Empfehlungen zu erhalten. Automatisierte Prozesse stellen sicher, dass Feedback konsequent eingeholt wird und positive Rückmeldungen direkt in Empfehlungen oder Bewertungen münden können.

Automatisierung in Kundenprozessen hat also zwei Ebenen. Sie erleichtert die Arbeit für Unternehmer, weil sie Routineaufgaben abnimmt. Und sie verbessert gleichzeitig die Kundenerfahrung, weil Abläufe schneller, klarer und professioneller wirken.

Viele befürchten, dass digitale Abläufe Kundenbeziehungen kälter machen. In Wahrheit ist das Gegenteil der Fall, wenn sie klug umgesetzt werden.

Automatisierung bedeutet nicht, Menschen zu ersetzen, sondern sie konsequent zu begleiten. Sie dient dazu, dass Anfragen beantwortet, Termine bestätigt und Informationen zuverlässig bereitgestellt werden. Auch dann, wenn du gerade in einem Kundentermin bist.

Kunden empfinden das nicht als unpersönlich, sondern als professionell und wertschätzend. Denn was sie wirklich schätzen, ist Verlässlichkeit.

Automatisierung schafft damit Raum für echte Begegnung: weniger Stress im Hintergrund, mehr Fokus im Gespräch. Sie ersetzt keine Beziehung, sie ermöglicht sie.

Am Ende entsteht ein Kreislauf, von dem beide Seiten profitieren. Unternehmer gewinnen Zeit, reduzieren Fehler und steigern ihre Professionalität. Kunden erleben einen Service, der sie begeistert und bindet.

## Marketing & Vertrieb skalieren

Automatisierung kann mehr, als nur Zeit bei internen Abläufen einzusparen. Im Marketing und Vertrieb wird sie zum Wachstumshebel: Sie hilft dir, mehr Menschen zu erreichen, ohne dich zu verzetteln. Hier entscheidet sich, ob dein Unternehmen sichtbar bleibt, kontinuierlich neue Kunden gewinnt und seine Reichweite vergrößert. Oder ob du im Hamsterrad stecken bleibst. Skalierung bedeutet, mehr Wirkung mit weniger Aufwand zu erzielen, und genau dafür ist Automatisierung ein entscheidender Hebel.

Ein guter Ausgangspunkt ist die Social-Media-Planung. Viele Coaches und Berater wissen, dass ihre Sichtbarkeit auf LinkedIn, Instagram oder Facebook enorm wichtig ist. Doch im Alltag scheitert es daran, regelmäßig zu posten. An manchen Wochen erscheinen drei Beiträge, dann herrscht wochenlang Funkstille. Kunden nehmen das wahr.

Ein Gespräch mit einem Interessenten öffnete Anna schließlich die Augen:

»*Ehrlich gesagt dachte ich, Sie wären gar nicht mehr aktiv*«, meinte der potenzielle Kunde, »*weil ich seit Monaten nichts Neues von Ihnen gesehen habe.*«

Dieser Satz blieb hängen. Anna merkte, dass Qualität allein nicht reicht, wenn niemand sie wahrnimmt. Also begann sie, ihre

Inhalte im Voraus zu planen und automatisiert zu veröffentlichen: Blogbeiträge, Newsletter, Social-Media-Posts.

Nach kurzer Zeit bekam sie Rückmeldungen wie: »*Schön, dass Sie so präsent sind. Das wirkt richtig professionell.*« Für Anna war das der Beweis: Sichtbarkeit ist kein Zufallsprodukt, sondern das Ergebnis strukturierter Prozesse.

Automatisierung löst dieses Problem, indem sie die Planung vom Tagesgeschäft entkoppelt. Wer seine Beiträge im Voraus erstellt und über Tools wie Buffer oder Hootsuite einplant, kann Wochen oder sogar Monate im Voraus für Sichtbarkeit sorgen.

Es geht hier nicht darum, nur starre Posts in die Welt zu schicken. Viele Unternehmer kombinieren geplante Inhalte mit spontanen Beiträgen, wenn sie eine Idee oder ein aktuelles Erlebnis teilen wollen. Automatisierung schafft die Basis, die Konstanz, und ermöglicht es, dass Spontanität zur Kür wird, nicht zur Pflicht.

Neben Social Media spielt der Newsletter eine zentrale Rolle im automatisierten Marketing. Viele Unternehmer unterschätzen, wie mächtig eine gut gepflegte E-Mail-Liste ist. Während Social-Media-Algorithmen unberechenbar sind, bleibt die eigene Liste stabil. Wer hier regelmäßig wertvolle Inhalte teilt, baut eine direkte Beziehung auf. Doch auch hier ist die Herausforderung: die Kontinuität.

Ein weiterer großer Hebel für die Skalierung sind Online-Kurse und digitale Produkte. Viele Coaches und Trainer arbeiten ausschließlich eins zu eins oder in kleinen Gruppen. Das ist wertvoll, aber es setzt natürliche Grenzen. Der Tag hat nur 24 Stunden. Wer skalieren will, muss Wege finden, sein Wissen unabhängig von der eigenen Zeit weiterzugeben.

Auch Anna stand irgendwann an einem Punkt, an dem sie wusste: So konnte es nicht weitergehen. Ihr Kalender war voll, die Nachfrage stieg, und sie hatte das Gefühl, ständig hinterherzulaufen. »*Wenn ich mich klonen könnte, würde ich es tun*«, sagte sie einmal halb im Scherz. Und doch steckte darin eine bittere Wahrheit. Mehr Termine bedeuteten mehr Belastung, nicht mehr Wirkung.

Also wagte Anna den nächsten Schritt: Sie digitalisierte einen Teil ihrer Inhalte. Statt ausschließlich auf persönliches Coaching zu setzen, entwickelte sie ein Online-Programm mit Videos, Arbeitsblättern, Reflexionsübungen und Live-Sessions zur Vertiefung.

Der Effekt überraschte sie selbst: Ihre Kunden liebten die neue Mischung aus Flexibilität und persönlichem Austausch. Für Anna bedeutete es zum ersten Mal seit Jahren freie Wochenenden. Und gleichzeitig erreichte sie mehr Menschen als je zuvor.

Die Technik im Hintergrund lief automatisch: Anmeldungen über ein Tool, Zahlungen automatisiert, Zugangsdaten sofort verschickt. Der gesamte Prozess, von der Anmeldung bis zur Teilnahme, funktionierte, ohne dass Anna noch eingreifen musste. Digitalisierung wurde für sie nicht nur zur Effizienzsteigerung, sondern zu einem Weg, ihr Wissen zu multiplizieren, ohne sich selbst zu überfordern.

Die Skalierung durch Online-Kurse und digitale Produkte ist mehr als nur ein neuer Vertriebskanal. Sie verändert die Rolle des Unternehmers. Statt ausschließlich Zeit gegen Geld zu tauschen, entsteht ein Modell, das unabhängig von der eigenen Verfügbarkeit funktioniert. Durch Automatisierung läuft dieser Prozess zuverlässig. Kunden bekommen sofort, was sie kaufen, fühlen sich professionell betreut und sind offen für den nächsten Schritt.

Marketing und Vertrieb zu automatisieren bedeutet, sichtbar zu bleiben, ohne sich selbst zu überlasten. Es bedeutet, Beziehungen aufzubauen, die auf Kontinuität beruhen, nicht auf Zufall.

## Was du mitnehmen solltest

- Automatisierung ist kein abstraktes Schlagwort, sondern ein konkreter Hebel im Alltag: Sie nimmt dir wiederkehrende Routinen ab und schafft Freiraum für die eigentliche Arbeit.
- Richtig eingesetzt wirken automatisierte Abläufe professionell und zuverlässig. Ein Thema, das wir im nächsten Abschnitt noch vertiefen.
- Typische Hebel im Alltag:
  - **Kommunikation**: Standardmails und Terminbuchungen lassen sich zuverlässig automatisieren.
  - **Rechnungen & Zahlungen**: Digitale Faktura-Tools sichern Pünktlichkeit, Liquidität und Übersicht.
  - **Dokumentenmanagement**: Automatisierte Ablage und E-Signaturen reduzieren Chaos und Suchzeiten.
- Automatisierte Kundenprozesse, von der Anfrage über das Onboarding bis zum Feedback, steigern die Effizienz im Hintergrund und verbessern gleichzeitig die Kundenerfahrung.
- In Marketing und Vertrieb eröffnet Automatisierung die Chance zu wachsen, ohne auszubrennen: Social Media, Newsletter, Funnels und Online-Kurse lassen sich systematisch betreiben und skalieren.
- Am Ende geht es immer um Nähe und um die Energie, die daraus entsteht.

# Quick Wins

1. **Terminabstimmungen vereinfachen:**

   Richte ein kostenloses oder günstiges Buchungstool ein (z. B. eTermin.net). Füge den Link in deine E-Mail-Signatur oder auf deine Website ein.

   → Spart dir 2-3 Stunden pro Monat und wirkt professionell.

2. **Rechnungen mit einem Klick erstellen:**

   Nutze ein Faktura-Tool (z. B. FreeFinance.at, oder ProSaldo.net) statt Word oder Excel. Rechnungen sind automatisch nummeriert, fehlerfrei und rechtssicher.

   → Spart dir jede Woche 30-60 Minuten und verhindert Zahlungslücken.

3. **Ein zentraler Ablageort für alles:**

   Lege alle wichtigen Dokumente in einem einzigen Cloud-Ordner ab (z. B. Google Drive, Dropbox oder OneDrive). Erstelle Unterordner für »*Kunden*«, »*Rechnungen*« und »*Vorlagen*«.

   → Spart dir 20-30 Minuten Suche pro Woche.

# 6

# Künstliche Intelligenz praktisch nutzen

# KI verstehen, ohne Fachchinesisch

Montagmorgen, 8 Uhr. Anna sitzt mit einer Tasse Kaffee vor dem Laptop. Früher begann ihre Woche mit einem leeren Dokument - dem Versuch, einen Social-Media-Post zu schreiben, der gut klingt, zu ihr passt und nicht nach Werbung aussieht. Zwei Stunden später hatte sie meist zehn halb fertige Sätze und das Gefühl, die Zeit besser hätte nutzen zu können.

Heute sieht ihr Montag anders aus. Sie öffnet ChatGPT, tippt ein paar Stichworte ein: »*Thema Selbstvertrauen im Coaching, Ton: persönlich, klar, motivierend*«. Nach wenigen Sekunden liegt ein Entwurf vor ihr. Sie überarbeitet ihn, fügt ihre eigenen Beispiele hinzu, ändert Formulierungen, bis es nach Anna klingt. Nach 30 Minuten ist der Post fertig, geplant und veröffentlicht, und sie kann sich wieder auf ihre Kunden konzentrieren.

Für Anna war das anfangs fast unheimlich. »*So schnell kann das doch nicht gehen*«, dachte sie. Doch je öfter sie es nutzte, desto klarer wurde ihr: Was hier passiert, ist kein Zauber, sondern Handwerk mit neuen Werkzeugen. Künstliche Intelligenz ist nicht dazu da, ihre Arbeit zu ersetzen, sondern um sie zu erleichtern.

Viele sehen das Thema allerdings noch ganz anders. Für die einen ist KI die größte Erfindung seit der Elektrizität, für die anderen nur ein Hype, der bald wieder abflaut. Dazwischen stehen unzählige Unternehmer, die zwar spüren, dass sich hier etwas Großes bewegt, sich aber nicht recht trauen, sich näher damit zu beschäftigen. Die Begriffe klingen technisch, die Diskussionen sind voll von Fachwörtern, und schnell entsteht das Gefühl, du müssest Informatiker sein, um überhaupt mitreden zu können. In Wahrheit ist genau das Gegenteil der Fall: KI ist kein exklusives Expertenthema, sondern ein Werkzeug, das gerade für kleine Unternehmen einen riesigen Hebel bietet, wenn du weißt, wie du es nutzt.

Beginnen wir mit der Frage: »*Was ist KI und was nicht?*«

Viele stellen sich darunter eine Art denkende Maschine vor, die wie ein Mensch eigene Ideen entwickelt und Entscheidungen trifft. Das ist eine Vorstellung, die in Filmen funktioniert, aber mit der Realität wenig zu tun hat. KI-Tools wie ChatGPT, Claude oder Gemini sind keine Wesen mit Bewusstsein. Sie sind hoch entwickelte Muster-Erkenner. Sie verarbeiten riesige Mengen an Daten, finden darin Zusammenhänge und erzeugen daraus Antworten oder Vorschläge.

Kenner und Vortragende sagen oft, dass KI keine eigenen Ziele, keine Intuition und keine Werte hat. Sie imitiert Intelligenz, indem sie Muster erkennt und ausgibt, was statistisch am wahrscheinlichsten passt.

Das bedeutet auch, dass KI nicht immer zuverlässig ist. Sie kann beeindruckend klare Texte schreiben, doch manchmal baut sie Fehler ein oder erfindet Details. Wer das versteht, nutzt KI sinnvoll: nicht als Ersatz für das eigene Denken, sondern als Unterstützung. Fast so wie ein neuer Lehrling.

In der Praxis heißt das: KI kann Inspiration liefern, Strukturen entwerfen oder Arbeitsschritte beschleunigen. Aber sie ersetzt nie die kritische Prüfung durch den Menschen. Wer sie unreflektiert einsetzt, läuft Gefahr, falsche oder unvollständige Ergebnisse zu übernehmen. Wer sie klug einsetzt, spart Zeit und gewinnt neue Ideen.

Doch ebenso wichtig wie die Chancen sind die Grenzen heutiger KI-Tools. Sie verstehen nicht, was sie tun. Wenn du sie bittest, einen Businessplan zu schreiben, liefern sie eine plausible Struktur, aber ob die Zahlen realistisch sind, musst du selbst prüfen. Wenn du sie nach rechtlichen Themen fragst, bekommst du oft gut klingende, aber unvollständige Antworten.

Viel Einfluss auf das Ergebnis einer solchen Anfrage hat auch der verwendete Prompt, also die Eingabe oder Anweisung, die du einer KI gibst, um eine gewünschte Antwort zu erhalten. Je klarer diese Anweisung ist, desto besser das Resultat.

Viele Anwender erleben anfangs Frust, weil sie allgemeine Fragen stellen und allgemeine Antworten bekommen. Doch sobald sie lernen, ihre Anfragen zu konkretisieren, steigt der Nutzen enorm. KI ist also kein Orakel, sondern ein Werkzeug, das geführt werden will.

Warum also solltest du dich als KMU überhaupt mit KI beschäftigen? Ist das nicht eher ein Thema für große Konzerne mit riesigen Budgets? Diese Sichtweise ist gefährlich, denn sie übersieht den eigentlichen Charme von KI: Sie ist gerade für kleine Unternehmen ein enormer Hebel. Während Konzerne riesige Projekte starten, können KMU schon mit kleinen Schritten profitieren. KI ist kein Luxus, sondern eine Abkürzung.

Viele Unternehmer berichten, wie sich ihre Arbeit verändert hat: Was früher stundenlanges Grübeln bedeutete, ist heute in wenigen Minuten erledigt. Texte, Überschriften, Ideen. KI liefert schnell erste Entwürfe, die dann nur noch verfeinert werden müssen. Ähnlich gilt das für Nachbereitung, Marketing oder Analyse: Statt gar nichts oder sehr aufwendig entsteht plötzlich eine Basis, die sofort nutzbar ist.

Besonders spannend ist KI für kleine Unternehmen, weil sie Aufgaben übernimmt, die du dir sonst vielleicht gar nicht leisten könntest. Große Unternehmen können eine Marketingabteilung beschäftigen, die Kampagnen plant, Texte schreibt und Daten analysiert. Ein Coach oder Berater mit begrenztem Budget kann das nicht. Mit KI hat er plötzlich einen Helfer, der zumindest Teile dieser Arbeit übernimmt. Rund um die Uhr, ohne Gehalt, ohne Urlaub.

Natürlich ersetzt das, zumindest bisher, keine Fachkraft vollständig, aber es schafft Möglichkeiten. Wer bisher gar kein Marketing gemacht hat, kann mit KI erste Schritte gehen. Wer keine Zeit für detaillierte Auswertungen hatte, bekommt zumindest eine grobe Analyse. Einfache Grafiken oder Präsentationen können mit KI-Unterstützung erstellt werden, wenn keine Designer beschäftigt werden. All das macht kleine Unternehmen handlungsfähiger und konkurrenzfähiger.

Der Gedanke, dass KI kein Luxus ist, sondern eine Notwendigkeit, wird besonders deutlich, wenn du den Wettbewerb betrachtest. Kunden vergleichen heute nicht nur Inhalte, sondern auch Abläufe. Wenn ein Konkurrent dank KI schneller antwortet, bessere Materialien liefert oder professioneller auftritt, merken Kunden das sofort. Wer KI ignoriert, wird ins Hintertreffen geraten.

Auch Anna hat sich lange gefragt, was künstliche Intelligenz für ihre Arbeit als Trainerin bedeutet. Ersetzt sie irgendwann ihre Expertise? Oder eröffnet sie neue Möglichkeiten?

In einem Gespräch mit einer Kollegin brachte diese es auf den Punkt:

> *»Ich fürchte nicht, dass KI meinen Job ersetzt«*, sagte sie. *»Ich fürchte, dass jemand anderes sie nutzt und damit besser, schneller und günstiger arbeitet als ich.«*

Dieser Satz blieb bei Anna hängen. Sie erkannte, dass KI kein Ersatz für menschliche Erfahrung ist, sondern ein Verstärker. Ein Multiplikator, der den Unterschied machen kann zwischen Mittelmaß und Exzellenz. Vorausgesetzt, du lernst, ihn klug einzusetzen.

Um KI sinnvoll einzusetzen, braucht es also kein Fachwissen über neuronale Netze oder Algorithmen. Es genügt, die Grundidee zu begreifen: KI ist ein Instrument, das Muster identifiziert und neue Ideen generiert. Sie ist schnell, vielseitig und leistungsfähig, aber nicht unfehlbar. Sie erweitert, was wir können, ersetzt uns aber nicht. Wer das begreift, verliert die Angst und gewinnt die Lust, auszuprobieren.

Genau hier liegt der Knackpunkt: KI wird in wenigen Jahren so alltäglich sein wie E-Mail oder Internet. Die Frage ist nicht, ob du sie nutzt, sondern wie bewusst du sie nutzt. Wer früh beginnt, baut Erfahrung auf, entwickelt Routinen und findet heraus, wo die Technologie wirklich hilft. Wer wartet, wird bald hinterherlaufen müssen.

KI zu verstehen bedeutet also nicht, technische Details zu kennen. Es bedeutet, den Blick zu schärfen: Was kann sie, was nicht? Wo liegen ihre Grenzen, wo ihre Chancen? Und warum ist sie gerade für kleine Unternehmen ein riesiger Vorteil? Mit dieser Klarheit fällt es leicht, die ersten Schritte zu gehen. Ohne Angst, aber mit Neugier. Denn am Ende geht es nicht um die Technik, sondern um das, was sie möglich macht: mehr Zeit, mehr Professionalität, mehr Wirkung.

# KI im Tagesgeschäft

Nachdem wir uns angeschaut haben, was Künstliche Intelligenz ist und wo ihre Grenzen liegen, stellt sich die entscheidende Frage: »*Wie können kleine und mittlere Unternehmen im Coaching-, Trainings- und Beratungsumfeld KI ganz konkret im Alltag nutzen?*«

Die Antworten darauf sind erstaunlich bodenständig. Es geht nicht um Science-Fiction oder um futuristische Roboter, sondern um handfeste Unterstützung in den Bereichen, die täglich Zeit und Energie kosten: Inhalte erstellen, Informationen recherchieren und Kunden professionell betreuen.

Beginnen wir mit der Text- und Content-Erstellung. Kaum ein Bereich frisst so viel Zeit wie das Schreiben. Ob Blogartikel, Social-Media-Posts, Newsletter oder Präsentationstexte, ständig stehen wir vor dem weißen Blatt. Viele Coaches und Berater wissen genau, was sie sagen wollen, doch sie verlieren sich im Feinschliff.

Anna, als erfahrene Trainerin, erzählte mir einmal schmunzelnd, dass sie an einem simplen LinkedIn-Post zwei Stunden gefeilt hatte, nur um dann das Gefühl zu haben, es sei noch immer nicht rund. Heute macht sie es anders. Sie tippt drei Stichworte in ein KI-Tool: Thema, Zielgruppe, Tonalität. Sekunden später hat sie einen Entwurf auf dem Bildschirm. Sie verfeinert ihn, fügt ihre eigene Geschichte hinzu, streicht ein paar Floskeln, und fertig ist der Post. Statt zwei Stunden braucht sie zwanzig Minuten. Die gewonnene Zeit steckt sie nun lieber in Gespräche mit Kunden.

Das bedeutet nicht, dass die KI die kreative Arbeit übernimmt. Sie liefert Rohmaterial, Inspiration, Ansätze. Der Mensch bleibt derjenige, der entscheidet, welche Formulierungen passen, welche Geschichten erzählt werden und welcher Ton authentisch wirkt. Aber allein schon die Entlastung beim ersten Schritt ist enorm. Statt mit einem leeren Dokument zu kämpfen, startest du mit einem Text, der bereits 70 Prozent fertig ist. Diese Basis zu verbessern ist für die meisten einfacher, als von Grund auf neu anzufangen. Auch für die Wiederverwertung von Inhalten, etwa wenn aus einem langen Artikel mehrere kurze Posts entstehen sollen, ist KI ein nützliches Werkzeug.

Der zweite große Bereich, in dem KI im Tagesgeschäft glänzt, ist die Recherche und Zusammenfassung. Coaches und Trainer müssen oft Informationen sichten: Fachartikel, Studien, Best Practices. Früher bedeutete das, stundenlang zu lesen, zu markieren und Notizen zu machen. Heute können KI-gestützte Tools Dokumente analysieren und auf die wesentlichen Punkte verdichten. Auf diese Weise wird aus einem unübersichtlichen Informationsberg eine strukturierte Grundlage, die viel schneller greifbar ist.

Besonders spannend ist diese Fähigkeit auch für Kundenprojekte. Statt sich durch seitenlange Strategiepapiere, Protokolle oder Berichte zu kämpfen, können Berater sofort in die relevanten Abschnitte einsteigen. Die Vorbereitung erfordert weniger Anstrengung und lässt den Kopf frei für das Wesentliche: die Beratung an sich. Natürlich darfst du auch hier die Grenzen nicht vergessen. KI-Zusammenfassungen sind hilfreich, aber nicht immer fehlerfrei. Wenn du sie nutzt, solltest du die Kernpunkte prüfen und wichtige Fakten gegenchecken. Doch selbst wenn eine Zusammenfassung nicht perfekt ist, spart sie Zeit. Du hast schneller eine Landkarte, mit der du das Gelände überblickst.

Noch deutlicher wird der Nutzen von KI im Bereich der Kundenkommunikation. Viele KMU kämpfen damit, Anfragen schnell zu beantworten, Informationen bereitzustellen und gleichzeitig persönlich zu wirken. KI-gestützte Chatbots oder Assistenten können hier eine große Entlastung sein.

In einem ihrer Projekte merkte Anna, dass sie täglich unzählige Mails mit immer denselben Fragen beantwortete - von Log-ins über Zertifikate bis hin zu Terminen und Unterlagen. Heute übernimmt ein KI-gestützter Assistent diesen Teil. Kunden erhalten sofort Antworten, rund um die Uhr. Sie empfinden das nicht als unpersönlich, sondern als professionell. Für Anna bedeutet es: weniger Kleinkram, mehr Raum für wichtige Gespräche.

Auch in der Kundenbetreuung kann KI unterstützen. Automatisierte Nachrichten nach einer Coaching-Sitzung,

Erinnerungen an nächste Schritte oder kurze Zusammenfassungen zeigen Wertschätzung, ohne dass du selbst stundenlang Mails tippen musst. Kunden erleben nicht weniger Nähe, sondern mehr, weil der Unternehmer nicht im Klein-Klein untergeht.

KI im Tagesgeschäft ist also kein Ersatz für persönliche Arbeit, sondern eine Erweiterung. Sie übernimmt die Aufgaben, die wiederholbar, standardisierbar und zeitaufwendig sind, und lässt uns die Dinge tun, die nur wir können: zuhören, inspirieren, führen.

Genau das ist der Kern: KI erleichtert den Alltag, indem sie Routinearbeit übernimmt. Sie hilft beim Schreiben, damit wir schneller kommunizieren. Sie hilft bei der Recherche, damit wir schneller den Überblick gewinnen. Damit wir professioneller und verlässlicher wirken, unterstützt sie uns bei der Kundenkommunikation. Und all das ohne Fachchinesisch, ohne komplizierte Technik. Es geht nicht darum, Perfektion zu erreichen, sondern um kleine, praktische Schritte, die spürbare Wirkung haben.

Künstliche Intelligenz kann vieles erleichtern: Texte, Analysen, Entscheidungen.

Doch Verantwortung kann nicht ausgelagert werden. Prüfe, woher Informationen stammen, ob sie korrekt sind, und entscheide bewusst, was du übernimmst. Datenschutz und Fairness sind keine bürokratischen Hindernisse, sondern Teil einer professionellen Haltung.

## KI als Wettbewerbsvorteil

Viele Unternehmer stellen sich die Frage: »*Brauche ich wirklich Künstliche Intelligenz in meinem kleinen oder mittleren Unternehmen? Reicht es nicht, wenn ich meine Prozesse digitalisiere und ein paar Automatisierungen einführe?*«

Die ehrliche Antwort lautet: KI ist längst mehr als ein Bonus. Sie wird zu einem entscheidenden Wettbewerbsvorteil. Nicht, weil sie alles verändert, sondern weil sie in vielen kleinen Bereichen dafür sorgt, dass du schneller, präziser und kundenorientierter arbeitest als die Konkurrenz.

Ein zentraler Punkt ist die Geschwindigkeit von Entscheidungen. KMU haben oft den Vorteil, dass sie beweglicher sind als große Konzerne. Doch in der Praxis verlieren viele diese Agilität, weil Entscheidungen zäh getroffen werden. Daten müssen gesammelt, Informationen analysiert, Szenarien durchdacht werden. Genau hier unterstützt KI. Sie hilft, Informationen schneller aufzubereiten, Trends zu erkennen und Handlungsmöglichkeiten klarer zu sehen.

Auch Anna erlebt inzwischen, wie künstliche Intelligenz ihre Arbeit verändert. Früher brauchte sie für Marktanalysen oder Themenrecherchen mehrere Tage: Tabellen, Notizen, Markierungen, manuelles Sortieren. Heute lädt sie ihre Daten in ein KI-gestütztes Tool und erhält innerhalb weniger Stunden erste Muster: Welche Themen gerade boomen, welche Kundengruppen besonders aktiv sind, wo sich neue Chancen auftun.

Die Geschwindigkeit ist beeindruckend. Aus fünf Tagen wird einer. Die gewonnene Zeit nutzt Anna nicht, um noch mehr zu arbeiten, sondern um sich intensiver auf den Kontakt mit ihren Kunden zu konzentrieren. Für sie ist KI kein Selbstzweck, sondern ein Werkzeug, das ihr mehr Raum für das Wesentliche schafft: echte menschliche Verbindung.

Diese Schnelligkeit ist kein Luxus, sondern ein echter Vorteil im Wettbewerb. Kunden spüren, wenn ein Anbieter flexibel reagieren kann. Wer Ergebnisse schneller präsentiert, zeigt Kompetenz und Professionalität. Statt Wochen zu warten, können Unternehmen innerhalb weniger Tage reagieren und so Vertrauen und Bindung stärken.

Doch KI unterstützt nicht nur bei Entscheidungen, sondern auch dabei, Kundenerlebnisse zu personalisieren. Viele KMU glauben, dass individuelle Betreuung automatisch bedeutet, dass alles manuell laufen muss. Tatsächlich lässt sich mit KI ein hohes Maß an Personalisierung erreichen. Vom an den Fortschritt der Kunden angepassten Lernmaterial bis hin zu automatisierten Impulsen zwischen Sitzungen. So fühlt sich Betreuung individuell und wertschätzend an, ohne dass jede einzelne Nachricht händisch erstellt werden muss.

Ein weiteres Feld, in dem KI echten Wettbewerbsvorteil schafft, sind neue Geschäftsmöglichkeiten. Sie macht nicht nur bestehende Prozesse schneller, sondern eröffnet auch Chancen, zusätzliche Produkte und Services anzubieten. Digitale Reports, interaktive Tests oder automatisierte Trainingspläne. All das sind Leistungen, die früher nur mit großem Aufwand möglich waren. Heute können kleine Unternehmen solche Angebote mit vertretbarem Einsatz entwickeln und dadurch ihre Reichweite und ihr Portfolio erweitern.

Das Entscheidende ist, dass KI die Rolle kleiner Unternehmen verändert. Früher hatten Konzerne den Vorteil, dass sie große Abteilungen für Datenanalyse, Marketing und Produktentwicklung finanzieren konnten. KMU mussten sich auf ihre persönliche Nähe und Flexibilität verlassen. Heute haben sie die Chance, mit KI-Werkzeuge zu nutzen, die früher Millionen gekostet hätten. Mit relativ geringem Aufwand können sie plötzlich Dienstleistungen anbieten, die zuvor undenkbar waren.

Natürlich ersetzt KI keine unternehmerische Kreativität. Sie ist kein Wundermittel, das automatisch neue Geschäftsfelder eröffnet. Doch sie ist ein Katalysator. Sie macht Ideen schneller umsetzbar, sie ermöglicht Experimente mit geringem Risiko, und sie gibt kleinen Unternehmen die Chance, große Wirkung zu erzielen.

KI macht dich nicht zum besseren Coach. Aber sie macht dein Unternehmen zum besseren Partner für deine Kunden. Genau das ist der Wettbewerbsvorteil. Nicht die Technik an sich, sondern das, was sie ermöglicht: eine konsequentere Kundenorientierung, eine höhere Geschwindigkeit, eine größere Innovationskraft.

Am Ende sind es drei Dinge, die KI als Wettbewerbsvorteil ausmachen. Sie beschleunigt Entscheidungen, weil sie Daten schneller nutzbar macht. Sie ermöglicht personalisierte Kundenerlebnisse, die Vertrauen schaffen und Bindung stärken. Und sie eröffnet neue Geschäftsmöglichkeiten, die vorher unerschwinglich waren.

Für KMU im Coaching-, Trainings- und Beratungsumfeld bedeutet das: KI ist nicht die Zukunft, sie ist die Gegenwart. Wer sie nutzt, wird professioneller, schneller und attraktiver für Kunden. Wer sie ignoriert, wird von anderen überholt werden, die dieselben Inhalte anbieten, aber mit besseren Abläufen.

## Was du mitnehmen solltest

- KI ist kein »*denkendes Wesen*«, sondern ein schneller Muster-Erkenner. Nützlich, aber nicht unfehlbar.
- Sie ersetzt nicht dein Urteilsvermögen; sie liefert Entwürfe, Strukturen und Tempo, die du prüfst und entscheidest.
- Gute Ergebnisse brauchen klare Prompts: konkret formulieren, statt vager Fragen.
- Gerade für KMU ist KI ein Hebel: Aufgaben, für die sonst Zeit oder Budget fehlen würden, werden machbar.

# Quick Wins: KI praktisch nutzen

*Künstliche Intelligenz klingt oft nach Zukunftsmusik, bis du sie ausprobierst. Die folgenden Beispiele zeigen dir, wie du sie sofort in deinem Alltag einsetzen kannst. Sie erfordern keine Vorkenntnisse und keine Programmierung. Alles, was du brauchst, ist Neugier und etwa eine Stunde pro Woche zum Ausprobieren.*

## 1. Texte & Content erstellen: vom weißen Blatt zur ersten Version

KI kann dir helfen, schneller zu schreiben, klarer zu formulieren und Ideen in konkrete Texte zu verwandeln.

So geht's:

- Öffne ChatGPT oder ein vergleichbares Tool.
- Schreibe als Prompt:

  *»Schreibe einen Social-Media-Post über [Thema, z. B. Selbstvertrauen im Coaching] im Tonfall einer authentischen, inspirierenden Coachin. Länge: ca. 100 Wörter. Verwende einfache Sprache und beende mit einer Frage an die Community.«*
- Lies dir den Entwurf, streiche, ergänze und passe ihn an deine Stimme an.
- Pro-Tipp: Bitte die KI um mehrere Varianten:

  *»Gib mir drei alternative Versionen mit unterschiedlichem Stil: sachlich, motivierend, humorvoll.«*

Mit der Zeit kannst du deine Prompts natürlich immer weiter verfeinern.
Anna nutzt genau diese Methode für ihre wöchentlichen Posts. Aus einer Stunde Grübeln wurde eine Viertelstunde Routine.

## 2. Recherche & Analyse: schneller Überblick statt Informationsflut

KI kann lange Texte oder Studien in Minuten verständlich zusammenfassen. Ideal, wenn du dich auf Workshops oder Kundentermine vorbereitest.

So geht's:

- Kopiere den Inhalt eines Artikels, Blogposts oder PDFs in ChatGPT.
- Prompt-Beispiel:

  *»Fasse diesen Text in 5 Kernpunkten zusammen. Erkläre die wichtigsten Begriffe in Alltagssprache. Formatiere die Antwort als Liste, die ich in einer Präsentation nutzen kann.«*
- Du kannst dabei immer nachhaken:

  *»Welche drei Erkenntnisse sind für Coaches oder Trainer besonders relevant?«*
- Pro-Tipp: Wenn du regelmäßig mit längeren Dokumenten arbeitest, nutze den Datei-Upload in ChatGPT, Perplexity oder Claude, um PDFs direkt zu analysieren.

Anna verwendet diese Methode, um Branchentrends für ihre Trainings kompakt aufzubereiten. Sie spart mehrere Stunden Lesearbeit pro Woche.

## 3. Kundenkommunikation & Service: professionell wirken ohne Mehraufwand

Viele Anfragen wiederholen sich: Termine, Preise, Ablauffragen. KI hilft, Antworten vorzubereiten, ohne dass sie unpersönlich klingen.

So geht's:

- Prompt-Beispiel für eine Antwortvorlage:

  *»Formuliere eine freundliche E-Mail an einen*

*Interessenten, der sich nach meinem Coaching-Angebot erkundigt. Stil: verbindlich, klar, warmherzig. Baue einen Link zu meiner Website ein.«*

- Speichere den Text, passe ihn an und nutze ihn als Vorlage in deinem Mail-Programm.

Anna hat diese Funktion eingeführt, nachdem sie einmal mehrere Anfragen nicht zeitnah beantworten konnte. Heute läuft keine Mail mehr ins Leere. Und sie wirkt trotzdem persönlich erreichbar.

### 4. Ideen & Kreativität: wenn dir die Inspiration fehlt

KI kann wie ein Sparringspartner funktionieren, wenn du neue Themen, Workshop-Titel oder Einstiegsfragen suchst.

So geht's:

- Prompt-Beispiel:

  *»Ich bin Coach für Führungskräfte. Gib mir zehn kreative Ideen für Workshop-Titel rund um das Thema Selbstführung. Formuliere sie kurz, klar und ansprechend.«*

- Du kannst weiter verfeinern:

  *»Mach Variante 3 etwas emotionaler und Variante 5 provokanter.«*

- Pro-Tipp: Verwende den Zusatz *»im Stil von [Name deines Lieblingsautors]«*, um den Stil gezielt zu steuern.

Anna nutzt diese Methode für neue Kursnamen und Social-Media-Themen. Sie sagt: *»Früher suchte ich Stunden nach Ideen, heute finde ich in zehn Minuten drei gute Ansätze.«*

### 5. Entscheidungen & neue Angebote: mit KI klüger planen

KI kann dir helfen, Chancen zu erkennen oder neue Angebote zu strukturieren. Vom Test bis zum digitalen Produkt.

So geht's:

- Prompt-Beispiel:

  *»Ich biete Einzelcoachings für Trainer an. Erstelle drei Ideen, wie ich daraus ein digitales Gruppenangebot machen könnte, inklusive grober Preisstruktur und Zeitplan.«*

- Ergänze danach:

  *»Bewerte jede Idee nach Aufwand und potenziellem Nutzen in einer kleinen Tabelle.«*

- Pro-Tipp: Du kannst auch vorhandene Daten (z. B. Kundenfeedback oder Umfrageergebnisse) in Stichpunkten eingeben und fragen:

  *»Welche Muster erkennst du in diesem Feedback, und was könnte ich daraus für mein nächstes Angebot lernen?«*

Anna nutzt diese Technik, um neue Workshop-Formate zu testen. Die KI liefert Rohideen, die sie anschließend mit echten Kunden validiert.

## Fazit

Künstliche Intelligenz ersetzt keine Erfahrung, aber sie verkürzt Wege.

Ob du Texte schreibst, Informationen sichtest oder Kunden betreust: Jede kleine Automatisierung spart Minuten, die sich zu Stunden summieren.

Plane dir am besten eine feste KI-Stunde pro Woche ein. Probiere jeweils eine Anwendung aus, halte fest, was funktioniert, und erweitere Schritt für Schritt. So wächst aus Neugier Routine, und aus Routine ein echter Vorsprung.

# KI-Tools für Neulinge

| Kategorie | Tool | Nutzen / Anwendung | Aufwand |
|---|---|---|---|
| **Texterstellung & Content** | ChatGPT (OpenAI), Claude.ai (Anthropic), Gemini (Google), Grok, Mistral.ai, Writesonic, Perplexity.ai | Erstellung und Optimierung von Texten, Blogartikeln, E-Mails oder Landingpages. Ideal für erste Entwürfe, Recherchen und Tonalitätsvarianten | niedrig |
| | Napkin.ai | Entwickelt Ideen visuell weiter - vom Gedanken zur strukturierten Darstellung (z. B. Storylines oder Konzepte). | niedrig |
| | Gamma.app | Präsentationen, Dokumente oder Workshops automatisch gestalten - aus Text entstehen fertige Folien. | niedrig |
| | Blotato.com | KI-gestützte Text- und Inhaltsplanung für Social Media. | niedrig |

| Kategorie | Tool | Nutzen / Anwendung | Aufwand |
| --- | --- | --- | --- |
| **Grafik, Design & Branding** | Canva / Canva Magic Write, Flair.ai, Designs.ai, Pykaso.ai, Adobe Firefly, Freepik AI | Grafiken, Logos, Produktfotos oder Templates mit KI generieren oder bestehende Designs anpassen - ideal für Branding und Social Media. | niedrig |
| **Video & Audio** | HeyGen, Captions.ai / Mirage, LumaLabs.ai, Invideo.io, Runway ML, Lumen5, Eleven Labs, Suno | Videos aufnehmen, schneiden, mit KI-Avataren, Untertiteln oder Musik versehen. Ideal für Marketing, Online-Kurse und Social-Media-Clips. | mittel |
| **Notizen** | MeetGeek.ai, Fireflies.ai | Automatische Transkription und Zusammenfassung von Meetings, inklusive Aktionspunkten und Follow-ups. | niedrig |
| **Automatisierung & Workflows** | n8n.io, Zapier, Make, Stack-AI, LiquidAI, Ramp | Systeme und Tools automatisch verbinden - z. B. E-Mail-Versand, Datenübertragung, Rechnungsabgleich oder Dokumentenerstellung. | mittel |

| Kategorie | Tool | Nutzen / Anwendung | Aufwand |
|---|---|---|---|
| | Firecrawl.dev | Website- und Datenextraktion für Recherchezwecke. Holt Informationen strukturiert aus dem Netz. | mittel |
| Analyse & Recherche | Futurepedia.io, There's an AI for That, Feedly AI, Deepsearch, GesetzeFinden.at | KI-gestützte Recherchetools und Suchmaschinen zur Markt- und Trendbeobachtung oder zur strukturierten Informationssuche. | niedrig |
| | Storm Genie (Stanford) | Forschungstool für Brainstorming und Ideenfindung mit wissenschaftlichem Hintergrund. | hoch |
| **Entwicklung & No-Code-Lösungen** | Bubble.io, Lovable.dev, Base44.com, Replit, LM Studio | Erstellen eigener Web-, KI- oder Analyse-Apps ohne Programmierkenntnisse - ideal für Coaches, Berater und KMU. | mittel |

| Übersetzung & Sprachassistenz | Bildung & Weiterbildung | Produktivität & Organisation | Finanzen & Verwaltung | Kategorie |
|---|---|---|---|---|
| DeepL, Eleven Labs | Cloud Skills Boost by Google, OpenAI Learn, Coursera - Intel AI Essentials, Coursera - Google AI Essentials, Career Essentials in Generative AI by Microsoft & | Notion, Usemotion | Xero, Ramp | Tool |
| Übersetzungen und Sprachsynthese in hoher Qualität - ideal für internationale Kommunikation und Content-Produktion. | Kostenlose oder günstige Online-Trainings, um Grundlagen und Anwendung von KI-Tools im Business zu lernen. | KI-gestützte Organisation von Notizen, Aufgaben und Terminen. Sorgt für mehr Struktur und Fokus im Arbeitsalltag. | Cloudbasierte Buchhaltung, Ausgaben-verwaltung und Automatisierung von Finanzprozessen – inklusive KI-Analysen. | Nutzen / Anwendung |
| niedrig | niedrig | niedrig | mittel | Aufwand |

Aufgrund des beschränkten Platzes auf diesen Seiten lasse ich die vollständigen Webadressen der Tools hier weg.

Wie schon anfangs erwähnt, findest du diese Liste und mehr auch auf der Begleitseite zum Buch.

https://www.schilde.eu/r/nNT

Dort werden auch immer wieder neue Entwicklungen eingepflegt. Scanne einfach den QR-Code oder tippe die Adresse in deinen Browser ein, um die Seite zu öffnen.

# 7

# Digitalisierung erfolgreich umsetzen

## Mindset & Kultur

Es passiert oft, dass man am Anfang glaubt, dass Digitalisierung vor allem eine Frage der richtigen Tools ist. Wenn erst das passende Projektmanagement-Tool eingeführt, die Buchhaltung automatisiert oder ein CRM-System installiert ist, dann läuft alles wie von selbst. Die Realität sieht oft anders aus. Tools sind nur so gut wie die Menschen, die sie nutzen. Ohne die richtige Haltung, ohne eine unterstützende Kultur, bleiben selbst die besten Systeme wirkungslos. Digitalisierung ist in erster Linie ein menschliches Thema.

Auch Anna machte diese Erfahrung. In ihrem kleinen Team führte sie ein modernes Tool für Aufgabenmanagement ein. Technisch lief alles perfekt: klare To-do-Listen, Kalenderintegration, Erinnerungen. Doch nach einigen Wochen merkte sie, dass niemand das System wirklich nutzte. Aufgaben wurden weiterhin per E-Mail verschickt, Informationen landeten in Chat-Nachrichten. Das Werkzeug war zwar vorhanden, doch die Arbeitsweise blieb die gleiche.

Also sprach Anna das Thema offen an. In der Diskussion stellte sich heraus, dass einige im Team Sorge hatten, durch die neue Transparenz stärker kontrolliert zu werden. Nicht die Technik war das Problem, sondern das Gefühl dahinter.

Anstatt ein weiteres Tool zu suchen, begann Anna, über Vertrauen zu sprechen. Darüber, dass Transparenz nicht Kontrolle bedeutet, sondern Entlastung. Erst als dieses Verständnis gemeinsam wuchs, begann das Tool, seinen eigentlichen Zweck zu erfüllen.

Dieser Fall zeigt, dass Menschen wichtiger sind als Tools. Technik kann Strukturen bereitstellen, aber ob diese Strukturen genutzt werden, hängt von Vertrauen, Kommunikation und Motivation ab. Wer Digitalisierung als reines Technikprojekt betrachtet, wird scheitern. Wer sie als Kulturveränderung begreift, hat Erfolg.

Damit sind wir beim Thema Change-Management. Viele denken dabei an große Konzerne mit mehrstufigen Projekten und externen Beratern. Doch gerade in kleinen Teams ist Veränderungsmanagement entscheidend. Nur eben einfacher, persönlicher und direkter. Ein Trainer, der mit drei Mitarbeitern arbeitet, hat keine Abteilung für Change-Management. Aber er hat den Vorteil, dass er nah dran ist. Er kann direkt spüren, wo Widerstand entsteht, und unmittelbar reagieren.

Gerade in kleinen Teams zeigt sich: Veränderung gelingt nicht durch Druck, sondern durch Einbindung aller Betroffenen. Wenn Mitarbeiter aktiv einbezogen werden, Fragen stellen dürfen und ihre Bedenken ernst genommen werden, sinkt der Widerstand Schritt für Schritt. Aus Skepsis kann so ein gemeinsames »*Wir machen das*« entstehen.

Kleine Teams haben den Vorteil, dass Kommunikation direkter läuft. Aber das bedeutet nicht, dass Widerstände von selbst verschwinden. Im Gegenteil: Je kleiner ein Team ist, desto stärker spürt jeder Einzelne die Veränderung. Deshalb ist es entscheidend, Digitalisierung nicht als Anordnung, sondern als gemeinsamen Prozess zu gestalten.

Widerstände entstehen oft nicht aus Bosheit, sondern aus Unsicherheit. Menschen fürchten, dass sie mit den neuen Tools nicht zurechtkommen, dass sie Fehler machen oder ihre Arbeit weniger wertgeschätzt wird. Genau deshalb ist es wichtig, eine Kultur der Fehlerfreundlichkeit zu fördern.

Als Anna in ihrem Trainer-Business ein neues Terminbuchungssystem einführte, passierte zunächst genau das, wovor sie sich insgeheim gefürchtet hatte: Chaos. Ein Kunde bekam zwei Einladungen, ein anderer gar keine. Früher hätte Anna sich geärgert und versucht, alles selbst in die Hand zu nehmen. Diesmal reagierte sie anders.

In der nächsten Teamsitzung sagte sie ruhig: »*Wir sind nicht gescheitert. Wir üben. Fehler gehören dazu, bis es läuft.*«

Dieser Satz veränderte die Stimmung sofort. Ihr Team atmete auf, traute sich mehr auszuprobieren. Und nach wenigen Wochen war das System fester Bestandteil des Alltags.

Heute lachen sie noch über die »*Doppelbuchungs-Tage*«, weil genau diese Phase ihr Vertrauen in die Veränderung gestärkt hat. Für Anna war es der Moment, in dem sie verstand: Digitalisierung gelingt nicht, wenn alles sofort perfekt läuft, sondern wenn du bereit bist, gemeinsam zu lernen.

Fehlerfreundlichkeit ist kein Freifahrtschein für Chaos. Sie ist die bewusste Erlaubnis, Lernprozesse zuzulassen. Digitalisierung muss nicht perfekt starten. Du tastest dich voran, probierst aus, und passt an. Wer in kleinen Schritten denkt und Fehler als Feedback betrachtet, baut eine nachhaltige Lernkultur auf.

Viele Unternehmer berichten, dass ihr Blick auf Fehler sich mit der Zeit verändert hat. Statt Rückschläge zu fürchten, begreifen sie diese als Einladungen, besser zu werden. Diese Haltung nimmt Druck heraus und erleichtert es, sich auf Neues einzulassen.

Mindset und Kultur sind deshalb die unsichtbare Basis jeder Digitalisierung. Ein Unternehmen, das offen, lernbereit und mutig ist, wird mit fast jedem Tool Erfolg haben. Ein Unternehmen, das starr, ängstlich und fehlerfeindlich ist, wird auch mit den besten Systemen scheitern.

Die gute Nachricht ist: Kultur kann gestaltet werden. Sie entsteht nicht zufällig, sondern durch die Art, wie man miteinander umgeht, wie man Entscheidungen trifft und wie man Probleme angeht. Wer Digitalisierung erfolgreich umsetzen will, sollte weniger fragen: »*Welches Tool brauchen wir?*« und mehr: »*Welche Haltung brauchen wir, damit Tools Wirkung entfalten?*«

Viele Workshops zur Digitalisierung zeigen genau das: Es geht nicht in erster Linie um Technik, sondern um Zusammenarbeit. Technik ist nur ein Spiegel. Sie zeigt, ob ein Team bereit ist, transparent, strukturiert und zielorientiert zu arbeiten.

Kulturveränderung braucht Zeit. Sie beginnt bei den Führungskräften, die den Mut haben müssen, nicht alles perfekt kontrollieren zu wollen. Sie setzt sich bei den Mitarbeitern fort, die erleben, dass sie Fehler machen dürfen, ohne dass ihr Wert infrage gestellt wird. Und sie zeigt sich in kleinen Ritualen: gemeinsam Erfolge feiern, auch wenn es nur kleine Schritte sind, offen über Schwierigkeiten sprechen, Feedback nicht als Kritik, sondern als Ressource verstehen.

Digitalisierung erfolgreich umzusetzen bedeutet, die Menschen in den Mittelpunkt zu stellen. Tools sind wichtig, aber sie sind austauschbar. Was bleibt, ist die Kultur, die entscheidet, ob dein Unternehmen beweglich ist oder in alten Mustern steckenbleibt. Wer ein Umfeld schafft, in dem Veränderung willkommen ist, in dem Fehler als Lernschritte gelten und in dem alle das Gefühl haben, Teil des Prozesses zu sein, hat die Grundlage gelegt, damit jede digitale Transformation gelingen kann.

## Schritt-für-Schritt-Einführung

Wenn Unternehmer an Digitalisierung denken, haben sie oft das Bild eines großen, radikalen Umbruchs im Kopf. Alles muss auf einmal anders werden - von der Buchhaltung über die Kundenkommunikation bis hin zum Marketing. Diese Vorstellung ist verständlich. Schließlich klingt *»digitale Transformation«* nach einem gewaltigen Projekt.

Doch genau hier liegt die größte Gefahr. Wer versucht, alles gleichzeitig zu verändern, überfordert nicht nur sich selbst, sondern auch sein Team. Der Schlüssel zum Erfolg liegt nicht im großen Wurf, sondern im schrittweisen Vorgehen.

Auch Anna machte einmal den Fehler, alles auf einmal umstellen zu wollen. Nach den ersten Erfolgen mit einzelnen Tools wollte sie den Schwung nutzen und innerhalb weniger Wochen ihr gesamtes Business digitalisieren: neue Software fürs Projektmanagement, ein CRM-System, ein Buchhaltungssystem, Automatisierungen. Alles sollte gleichzeitig umgesetzt werden.

Technisch war der Plan perfekt. In der Praxis herrschte bald Chaos: Niemand wusste mehr, welche Plattform gerade aktuell war, Prozesse liefen doppelt, und die Stimmung im Team sank. Statt Entlastung entstand Verwirrung, und Anna musste das Projekt stoppen.

Erst als sie später einen Schritt zurückging und die Einführung in kleinen, klaren Etappen neu startete, funktionierte es wirklich. Digitalisierung, das begriff sie damals, ist kein Sprint, sondern ein Weg. Ein Weg, den man besser mit Ruhe und System geht als mit Tempo und Druck.

## 1. Testphase: Ausprobieren ohne Risiko

Am Anfang steht das Testen. Bevor du Prozesse umstellst, probiere Tools im Kleinen aus. Spiele mit Funktionen, teste Workflows, vergleiche Alternativen. Ziel ist nicht Perfektion, sondern Orientierung.

In dieser Phase sammelst du Erfahrungen, ohne, dass gleich alles umgebaut werden muss. So bekommst du ein Gefühl dafür, ob ein Tool zu deinem Alltag passt und wie dein Team darauf reagiert.

## 2. Pilotphase: Erproben im echten Alltag

Wenn ein Tool grundsätzlich überzeugt, folgt ein Pilotprojekt. Jetzt geht es darum, es im echten Alltag zu erproben, aber in einem klar abgegrenzten Bereich.

Pilotprojekte haben gleich mehrere Vorteile: Sie machen Veränderungen überschaubar. Niemand muss sich sofort an zehn neue Tools gewöhnen, sondern nur an eines. Fehler bleiben begrenzt und lassen sich einfacher korrigieren. Und vor allem: Erfolg wird schneller sichtbar. Wenn ein Bereich nach kurzer Zeit spürbar reibungsloser läuft, steigt die Motivation, weiterzumachen.

Doch ein Pilotprojekt ist nur dann wertvoll, wenn es mit Feedbackschleifen verbunden ist. Das bedeutet, dass du regelmäßig Rückmeldungen von den Beteiligten einholst, um Anpassungen vorzunehmen und den Prozess zu verbessern.

Digitalisierungsprojekte erfordern einen Lernprozess. Wer sein Team von Beginn an einbindet, regelmäßig nach Erfahrungen fragt und kleine Hürden sofort auflöst, schafft Vertrauen. Auf diese Weise wird Digitalisierung nicht als Fremdkörper wahrgenommen, sondern als gemeinsamer Weg.

Feedback schafft Transparenz. Es zeigt dem Team: Eure Erfahrungen zählen, ihr gestaltet mit. Gleichzeitig hilft es dir, rechtzeitig gegenzusteuern. Wer Digitalisierung ohne Rückmeldung durchzieht, riskiert, dass sich Frust aufbaut und im Stillen der Widerstand langsam wächst. Wer dagegen kontinuierlich zuhört und reagiert, stärkt Vertrauen und Engagement.

## 3. Rollout: Vom Pilotprojekt zum Standard

Doch Pilotprojekte und Feedback allein genügen nicht. Irgendwann muss aus dem Test ein verbindlicher Standard werden.

Der Rollout bedeutet: Das, was im Pilotprojekt funktioniert hat, wird für alle verbindlich eingeführt. Alte Systeme werden abgeschaltet, das Neue wird zur Norm.

Genau hier liegt der nächste kritische Moment. Viele Unternehmen bleiben zu lange in der Pilotphase stecken. Sie probieren weiter, feilen an Details, scheuen sich vor dem endgültigen Schritt. Doch ein Tool entfaltet seine volle Wirkung erst, wenn es konsequent genutzt wird.

Anna erinnerte sich gut an die Phase, in der sie ihre Buchhaltung digitalisieren wollte. Wochenlang testete sie verschiedene Systeme, verglich Funktionen, führte Tabellen in Excel weiter (»*nur zur Sicherheit*«).

Am Ende hatte sie viele Erkenntnisse, aber keine Entlastung. Alles fühlte sich doppelt an: doppelte Pflege, doppelte Unsicherheit, doppelte Arbeit.

Erst als sie sich entschied, ein System verbindlich einzuführen und die alten Prozesse konsequent abzuschalten, spürte sie den Unterschied. Der entscheidende Schritt war nicht die Wahl des Tools, sondern die Klarheit: Ab jetzt gilt nur noch dieser Weg.

Diesen Moment der Verpflichtung braucht es. Die Entscheidung, das Neue wirklich zu leben, statt es nur zu testen. Das bedeutet, sich von überholten Praktiken zu trennen und offen für Neues zu sein. Der Schritt ist unvermeidbar.

Wer zu lange halbherzig zwischen alten und neuen Systemen schwankt, hat am Ende nur doppelte Arbeit. Digitalisierung gelingt nur, wenn du die Schwelle überschreitest und das Neue zur Norm machst.

Natürlich bedeutet das nicht, dass von heute auf morgen alles perfekt sein muss. Auch nach dem Rollout sind Anpassungen erlaubt und nötig. Aber die Grundhaltung ist entscheidend: Ab diesem Zeitpunkt gibt es kein Zurück mehr. Das Neue ist nicht länger ein Experiment, sondern der Standard.

### Fazit: Vom Versuch zur Verbindlichkeit

Der Weg von Test über Pilotprojekt bis Rollout ist mehr als nur ein methodischer Ansatz. Er prägt die Kultur. Er zeigt dem Team, dass Veränderungen machbar sind, dass man nicht alles auf einmal umstellen muss, dass Fehler erlaubt sind und Rückmeldungen zählen. Gleichzeitig vermittelt er Klarheit: Am Ende geht es darum, das Neue wirklich zu leben, nicht nur auszuprobieren.

Genau das ist der Kern: Digitalisierung gelingt nicht durch den großen Knall, sondern durch kleine, bewusste Schritte. Testphasen geben Orientierung, Pilotprojekte schaffen Vertrauen, der Rollout bringt Verbindlichkeit. In dieser Kombination entsteht eine Dynamik, die Veränderung nicht bedrohlich wirken lässt, sondern machbar und lohnend.

Viele kleine Unternehmen unterschätzen, wie kraftvoll dieses schrittweise Vorgehen ist. Sie glauben, sie müssten »*groß denken*«, um digital erfolgreich zu werden. In Wahrheit ist es genau umgekehrt: Wer klein anfängt, Feedback ernst nimmt und Schritt für Schritt skaliert, baut eine stabile Grundlage.

## Digitalisierung delegieren

Viele Unternehmer scheitern nicht an der Digitalisierung selbst, sondern an der Vorstellung, sie müssten alles allein umsetzen. Sie lesen, vergleichen, testen, basteln und merken irgendwann, dass sie mehr Zeit damit verbringen, ihre Tools zu pflegen, als sie zu nutzen. Dabei ist genau das Gegenteil das Ziel: Digitalisierung soll dich entlasten, nicht beschäftigen.

Das Missverständnis liegt oft in der Annahme, man müsse alles selbst verstehen, bevor man etwas delegieren darf. In Wahrheit beginnt professionelle Digitalisierung genau dort, wo du aufhörst, alles selbst machen zu wollen.

Du musst nicht jede technische Feinheit begreifen, aber du musst wissen, was du erreichen willst. Der Rest - also das wie - darf und soll an Experten gehen.

Ein Digitalisierungsprojekt besteht im Kern aus zwei Ebenen: Gestaltung und Umsetzung.

Die Gestaltung ist der Denkprozess dahinter: Wie laufen deine Abläufe heute? Wo entstehen Engpässe? Welche Schritte können automatisiert oder vereinfacht werden?

Die Umsetzung ist das Handwerk - das Einrichten, Verbinden und Testen von Tools.

Beides kannst du delegieren, nur auf unterschiedliche Weise.

Das Denken überlässt du nicht irgendwem, sondern jemandem, der Prozesse versteht, dein Geschäftsmodell durchdringt und mit dir gemeinsam klare Entscheidungen trifft. Genau das ist die Rolle eines guten Digitalberaters.

Er analysiert, stellt die richtigen Fragen und entwirft die Lösung, während du die Richtung vorgibst. Du bleibst Entscheider, aber du musst den Weg nicht mehr allein zeichnen.

Der operative Teil deiner Digitalisierung lässt sich in zwei Phasen unterteilen: Einrichtung und Betrieb.

Bei der Einrichtung geht es darum, die Systeme korrekt aufzusetzen, miteinander zu verbinden und auf deine Prozesse abzustimmen. Hier kann ein erfahrener Digitalberater unterstützen, der dein Geschäftsmodell versteht und die Abläufe so übersetzt, dass sie technisch sauber abgebildet werden.

Alternativ übernehmen auch spezialisierte IT-Dienstleister oder die Hersteller der jeweiligen Software diesen Part. Viele Tools bieten heute professionelle Onboarding-Services, die dir den Start deutlich erleichtern und typische Fehler vermeiden helfen.

Der laufende Betrieb ist dagegen eine andere Aufgabe. Sobald dein System steht, muss es gepflegt, aktualisiert und mit Leben gefüllt werden. Hier kommt die Virtuelle Assistenz ins Spiel. Sie sorgt dafür, dass Kundendaten aktuell bleiben, Termine koordiniert, Rechnungen geprüft und Reports vorbereitet werden. Kurz: Sie hält dein System am Laufen, während du dich auf die Arbeit mit deinen Kunden konzentrierst.

In dieser Kombination liegt der Schlüssel: Der Berater sorgt für ein stabiles Fundament, die Dienstleister oder Softwarehersteller kümmern sich um die technische Umsetzung, und die Assistenz sichert den reibungslosen Betrieb im Alltag.

So entsteht ein funktionierendes System, das dich nicht nur einmalig entlastet, sondern dauerhaft trägt - Tag für Tag, Projekt für Projekt.

Delegation funktioniert dann am besten, wenn du mit klaren Zielen startest. Sag nicht: »*Ich will digitaler werden*«, sondern: »*Ich will, dass Kundenanfragen automatisch im CRM landen und innerhalb von 24 Stunden eine Antwort bekommen.*«

Je greifbarer das Ziel, desto besser kann dein Berater daraus eine Lösung entwickeln und diese technisch umsetzen oder delegieren.

Die gute Nachricht ist: Wenn du die Arbeit aus den vorangegangenen Kapiteln bereits gemacht hast - deine Prozesse beschrieben, deinen Ausgangspunkt definiert und Prioritäten gesetzt hast - dann hast du alles, was du für ein gutes Briefing brauchst.

Diese Unterlagen sind das perfekte Fundament, um externe Partner effizient einzubinden. Du erklärst dein Unternehmen nicht mehr mühsam, du zeigst es.

Delegation heißt nicht, Kontrolle abzugeben. Es bedeutet, Verantwortung zu teilen. Du bestimmst weiterhin den Kurs, aber du lässt dich beim Navigieren unterstützen.

Gute Delegation ist wie ein gemeinsames Projekt auf Augenhöhe: Du bringst die Vision und das Wissen über dein Geschäft ein, der Berater bringt das Know-how über Systeme, Prozesse und Umsetzbarkeit. So entsteht ein Ergebnis, das du allein weder in dieser Qualität noch in dieser Zeit erreichen würdest.

Wenn du das Prinzip einmal verinnerlichst, verändert sich dein Blick auf die Arbeit grundsätzlich. Du merkst, dass du dich nicht mehr in technischen Details verlierst, sondern auf einer höheren Ebene arbeitest - strategisch, fokussiert, frei.

Genau dort entfaltet Digitalisierung ihren wahren Wert: nicht als Ansammlung von Tools, sondern als System, das für dich arbeitet. Ein System, das nicht nur funktioniert, sondern mitdenkt.

Delegation ist kein Zeichen von Schwäche, sondern von Reife. Sie zeigt, dass du dein Unternehmen so ernst nimmst, dass du nicht mehr alles selbst machen willst.

Denn wer alles selbst macht, bleibt in seiner eigenen Kapazitätsgrenze gefangen.

Wer aber lernt, Verantwortung zu teilen, schafft ein Fundament, das trägt. Technisch, organisatorisch und mental.

Und genau dort setzt das nächste Kapitel an: bei der Frage, wie du dieses Fundament langfristig zukunftssicher machst. Damit dein Unternehmen stabil bleibt, auch wenn du einmal nicht selbst am Steuer sitzt.

## Stolperfallen vermeiden

So verlockend die Vision eines digitalisierten Unternehmens ist, so ernüchternd können die ersten Schritte sein, wenn du in die typischen Fallen tappst. Es sind selten die großen technischen Probleme, die ein Digitalisierungsprojekt scheitern lassen. Viel häufiger sind es menschliche und organisatorische Faktoren, die den Prozess ins Stocken bringen: Überforderung, unzureichende Schulung und das Fehlen klarer Erfolgsmessung. All das sind Stolpersteine, die verhindern, dass die Vorteile wirklich spürbar werden.

Beginnen wir mit der Überforderung durch zu viele Veränderungen auf einmal.

Erinnerst du dich, als Anna versuchte, innerhalb von wenigen Wochen alles gleichzeitig zu digitalisieren? Dort zeigte sich besonders deutlich, wie gefährlich Überforderung sein kann. Die Mitarbeiter mussten auf einen Schlag mit mehreren neuen Systemen zurechtkommen, alte Routinen waren abgeschafft, neue noch nicht etabliert. Das Ergebnis war Chaos: doppelte Termine, falsch ausgestellte Rechnungen, unbeantwortete Anfragen. Die Stimmung sank rapide und der vermeintliche Effizienzschub verwandelte sich in Frust.

**Dein Weg zur digitalen Souveränität:** Digitalisierung erfolgt in fünf Etappen: Klarheit schaffen, Tools gezielt wählen, Abläufe automatisieren, ein digitales Mindset leben und schließlich zukunftssicher bleiben. Jeder Schritt baut auf dem vorherigen auf und bringt dich näher zu einem Unternehmen, das einfach funktioniert.

Digitalisierung braucht Atempausen. Menschen können nur eine bestimmte Menge an Veränderungen gleichzeitig bewältigen. Selbst motivierte Teams geraten ins Straucheln, wenn sie das Gefühl haben, jeden Tag ein neues Tool bedienen zu müssen. Die Lösung liegt nicht in mehr Druck, sondern in weniger Tempo. Statt alles auf einmal umzustellen, hilft es, Veränderungen schrittweise einzuführen. Erst die Terminbuchung, dann das Projektmanagement, später die Rechnungssoftware. So greifen die neuen Routinen, und die Skepsis weicht Erleichterung.

Die zweite große Stolperfalle liegt in mangelnder Schulung und nicht ausreichendem Onboarding. Ein Tool ist nur so gut wie seine Nutzer. Viele Unternehmer unterschätzen, wie viel Unterstützung ein Team braucht, um neue Systeme wirklich zu verinnerlichen.

Oft zeigt sich: Eine kurze Präsentation reicht nicht. Menschen lernen nicht alles auf Anhieb. Sie brauchen konkrete Übungsfälle, Wiederholungen und die Möglichkeit, Fragen zu stellen. Wenn diese Begleitung fehlt, weichen sie in alte Muster zurück. Wird Onboarding dagegen als Prozess verstanden, entsteht Sicherheit. Und die Systeme werden tatsächlich genutzt.

Die dritte Stolperfalle ist die fehlende Erfolgsmessung. Viele Unternehmen führen neue Tools ein, merken aber nicht, ob sie wirklich Wirkung zeigen.

Anna war überzeugt, dass ein neues Projektmanagement-Tool ihre Effizienz steigern würde. Endlich sollte alles übersichtlicher werden: Aufgaben, Fristen, Zuständigkeiten. Doch nach einigen Monaten kam Ernüchterung. Ihr kleines Team klagte, es verbringe mehr Zeit mit dem Tool als mit der eigentlichen Arbeit.

Statt sofort wieder alles über den Haufen zu werfen, entschied Anna, genauer hinzusehen. Sie begann, konkrete Kennzahlen zu erfassen: Wie lange dauerte die Aufgabenkoordination vorher und wie lange jetzt? Die Ergebnisse überraschten sie: Vor der Einführung brauchte ihr Team im Schnitt 30 Minuten täglich, um Aufgaben abzustimmen, danach nur noch 15. Die Zahl der verpassten Termine sank von fünf pro Monat auf einen, und Projekte wurden im Schnitt 20 Prozent schneller abgeschlossen.

Mit diesen Fakten war klar: Das Tool brachte tatsächlich Fortschritte. Auch wenn das Gefühl zunächst ein anderes war. Für Anna war das ein wichtiger Lernmoment: Digitalisierung funktioniert nicht nach Bauchgefühl, sondern wird erst durch messbare Ergebnisse greifbar.

Stell dir vor, du sitzt mit deinem Team nach einigen Wochen zusammen und fragst:

- »*Was hat uns das neue Tool gebracht?*«
- »*Wo haben wir Zeit gespart?*«
- »*Wo hakt es noch?*«

Schon kurze Mini-Reviews können dafür sorgen, dass Digitalisierung als sichtbarer Fortschritt wahrgenommen wird. Das steigert die Motivation, weil alle erleben, dass sich die Mühe lohnt.

Fehlende Erfolgsmessung hat noch einen anderen Effekt: Sie nimmt den Menschen die Erfolgserlebnisse. Wenn niemand spürt, dass ein neues System wirklich Entlastung bringt, entsteht der Eindruck, man habe nur zusätzliche Arbeit. Wenn dagegen klar wird, dass man pro Woche zwei Stunden spart oder Kunden schneller Antworten bekommen, steigt die Motivation enorm.

Diese drei Stolperfallen,

- Überforderung,
- mangelnde Schulung,
- fehlende Erfolgsmessung,

sind eng miteinander verbunden. Wer zu schnell zu viel will, überfordert sein Team. Wer das Team nicht begleitet, verstärkt Unsicherheit. Und wer keine Messung vornimmt, der verliert Motivation. Die gute Nachricht ist: Alle drei Fallen können vermieden werden. Es braucht dafür keinen riesigen Aufwand, sondern vor allem Bewusstsein.

Digitalisierung ist ein kontinuierlicher Lernprozess. Sie verlangt Geduld, Klarheit und die Bereitschaft, immer wieder kleine Schritte zu gehen. Wer das versteht, hat die größten Stolperfallen schon umschifft. Am Ende geht es nicht darum, perfekt zu starten, sondern konsequent dranzubleiben.

## Was du mitnehmen solltest

- Digitalisierung ist zuerst ein Menschen- und Kulturthema. Tools wirken nur, wenn Vertrauen, Transparenz und Motivation da sind.
- Transparenz ≠ Kontrolle: Offene Aufgaben- und Infosichtbarkeit entlastet Teams, statt sie zu überwachen.
- Fehlerfreundlichkeit beschleunigt Lernen: Kleine Pannen sind Trainingsdaten, nicht Gründe, zurückzurudern.
- Änderung gelingt durch Einbindung: Fragen zulassen, Sorgen ernst nehmen, Nutzen konkret machen. So sinkt der Widerstand.
- Schrittweise statt Big Bang: Pilot starten, Erfahrungen einsammeln, dann klaren Rollout. Alte Parallelwege unbedingt konsequent beenden.
- Begleitung ist Pflicht: Schulung, Übungsfälle und wiederholtes Onboarding sind genauso wichtig wie das Tool selbst.
- Erfolg messbar machen: Vorher-Nachher-Kennzahlen (Zeit, Fehlerraten, Durchlaufzeiten) zeigen Wirkung und schaffen Akzeptanz.

# 8

# Zukunftssicher bleiben

## Kontinuierliche Verbesserung

Viele atmen erst einmal tief durch, wenn die ersten Schritte der Digitalisierung geschafft sind. Endlich laufen die Prozesse strukturierter, Tools sind eingeführt, Automatisierungen nehmen Routineaufgaben ab. Doch wer glaubt, dass damit alles erledigt ist, irrt. Digitalisierung ist nie wirklich abgeschlossen. Märkte verändern sich, Kundenbedürfnisse entwickeln sich weiter, und auch Tools werden ständig aktualisiert oder durch bessere Lösungen ersetzt. Zukunftssicher bleibt nur, wer sein Unternehmen so aufstellt, dass es kontinuierlich besser wird.

Regelmäßige Prozess-Reviews sind wie der Gesundheitscheck eines Unternehmens. Sie helfen, frühzeitig zu erkennen, wo Abläufe nicht mehr rund laufen. Wenn du regelmäßig Zeit reservierst, um die wichtigsten Prozesse zu überprüfen, von der Kundenanfrage bis zur Rechnungsstellung, stellst du Fragen wie:

- *»Wo gibt es Reibungsverluste?«*
- *»Was funktioniert gut, was nicht?«*

Oft sind es Kleinigkeiten, die auffallen. Eine Erinnerung, die nicht zuverlässig ausgelöst wird. Eine Information, die im System untergeht. Wenn du diese Dinge frühzeitig aufgreifst, bevor sie zum Problem werden, sparst du dir viel Ärger.

Prozess-Reviews haben noch einen anderen Effekt: Sie schaffen Bewusstsein. Wenn Mitarbeiter regelmäßig über Abläufe sprechen, fühlen sie sich stärker eingebunden. Sie sehen, dass ihre Beobachtungen zählen und sie selbst mitgestalten können. Das steigert die Akzeptanz für digitale Prozesse enorm. Digitalisierung wird so nicht als starres System erlebt, sondern als lebendiger Rahmen, den man immer wieder anpassen kann.

Neben den Reviews braucht es auch klare Kennzahlen. Viele Unternehmer entscheiden noch immer aus dem Bauch heraus, ob ihre Digitalisierung erfolgreich ist. Doch ohne Messgrößen bleibt vieles vage. Kennzahlen sind keine trockenen Zahlenkolonnen, sondern Werkzeuge, um Fortschritt sichtbar zu machen. Sie motivieren und schaffen Orientierung. Wer etwa die durchschnittliche Bearbeitungszeit einer Rechnung, die Antwortzeiten auf Kundenanfragen oder die Fehlerquote bei Prozessen misst, erkennt schnell, ob eine digitale Lösung wirklich Wirkung zeigt.

Monitoring bedeutet auch, rechtzeitig zu sehen, wenn etwas aus dem Ruder läuft. Tools entwickeln sich weiter, manchmal ändern sich Schnittstellen, und plötzlich läuft ein automatisierter Prozess nicht mehr zuverlässig. Wer dann nur nach Bauchgefühl arbeitet, bemerkt es oft zu spät. Wer dagegen Kennzahlen im Blick hat, erkennt sofort: Hier stimmt etwas nicht.

Doch Kennzahlen und Reviews allein reichen nicht. Entscheidend ist die Haltung, iterativ zu optimieren. Das bedeutet: nicht alles sofort perfekt machen wollen, sondern in kleinen Schritten besser werden.

Heute beschreibt Anna ihre Haltung zur Digitalisierung so:

> *»Ich habe aufgehört, nach der perfekten Lösung zu suchen. Stattdessen suche ich nach der nächsten besseren Lösung.«*

Dieser Satz bringt auf den Punkt, was sie in den letzten Jahren gelernt hat. Es geht nicht darum, alles fertig zu haben. Sondern darum, immer wieder kleine Verbesserungen anzustoßen, die im Ergebnis Großes verändern. Genau diese Haltung macht ihr Unternehmen zukunftssicher.

Iteratives Optimieren bedeutet auch, dass Fehler erlaubt sind. Manche Ideen funktionieren nicht so, wie du dir das vorstellst. Stattdessen zeigt sich manchmal erst im zweiten oder dritten Versuch, welche Variante wirklich trägt. Der entscheidende Punkt ist, dranzubleiben, Anpassungen vorzunehmen und aus jedem Rückschlag zu lernen. So entsteht, Stück für Stück, ein System, das gleichzeitig effizient und flexibel ist.

Diese Art von Anpassungsfähigkeit macht Unternehmen robust. Wer erwartet, dass alles sofort perfekt läuft, gibt beim ersten Rückschlag auf. Wer dagegen in Iterationen denkt, sieht

Rückschläge als Teil des Prozesses. Jeder Fehler liefert Informationen, die helfen, den nächsten Schritt besser zu machen.

Kontinuierliche Verbesserung ist deshalb keine Last, sondern eine Entlastung. Sie nimmt den Druck, alles sofort perfekt machen zu müssen. Sie gibt die Erlaubnis, auszuprobieren, anzupassen, zu lernen. Durch sie bleiben Unternehmen beweglich, selbst wenn sich die Marktbedingungen ändern.

Jede digitale Verbesserung steht und fällt mit der Qualität deiner Daten. Ob Kundendatei, Projektübersicht oder Rechnungsarchiv. Was du nicht sauber pflegst, kannst du auch nicht automatisieren oder auswerten. Nimm dir regelmäßig Zeit, um doppelte, veraltete oder unvollständige Einträge zu prüfen. Gute Daten bedeuten bessere Entscheidungen. Heute und morgen.

Am Ende ist kontinuierliche Verbesserung der Schlüssel zur Zukunftssicherheit. Tools werden sich ändern, Märkte auch. Aber die Fähigkeit, Prozesse regelmäßig zu prüfen, Kennzahlen zu nutzen und iterativ zu optimieren, bleibt. Sie ist die eigentliche Kompetenz, die du brauchst.

## Trends im Blick behalten

Das Wort »*Zukunftssicherheit*« klingt oft nach etwas Abstraktem, fast Unmöglichem. Wer kann schon vorhersagen, welche Tools in fünf Jahren aktuell sind oder welche Technologien das Geschäft auf den Kopf stellen werden?

Doch Zukunftssicherheit bedeutet nicht, die Glaskugel zu besitzen. Es bedeutet vielmehr, die Fähigkeit zu entwickeln, Trends rechtzeitig zu erkennen, ihre Relevanz einzuschätzen und das eigene Unternehmen darauf vorzubereiten.

Selbst die größten Unternehmen der Welt liegen mit ihren Einschätzungen manchmal daneben. Steve Ballmer, damaliger CEO von Microsoft, lachte 2007 in einem Interview über das gerade vorgestellte iPhone: »*Das ist das teuerste Telefon der Welt - und es wird keine Chance im Business-Bereich haben.*« Wir wissen, wie die Geschichte ausging. Dieses Beispiel zeigt:

Niemand hat immer recht. Und genau deshalb geht es nicht darum, alles vorherzusehen, sondern bereit zu sein, dazuzulernen. Zukunftssicherheit entsteht nicht durch Vorhersage, sondern durch Anpassungsfähigkeit.

Ein Bereich, der dabei unübersehbar ist, sind die Entwicklungen rund um Künstliche Intelligenz. Kaum ein Tag vergeht ohne neue Schlagzeilen: ein verbessertes Sprachmodell, ein neues Tool, eine überraschende Anwendung. Für viele wirkt das überfordernd. Doch es ist nicht nötig, jedes Detail zu verstehen. Es reicht, die großen Linien zu erkennen. KI-Systeme werden immer besser darin, Sprache, Bilder und Daten zu verarbeiten. Sie werden günstiger, einfacher zugänglich und vielseitiger einsetzbar. Für KMU bedeutet das: Was heute noch komplex wirkt, wird morgen vielleicht ein einfacher Service sein, den du mit wenigen Klicks nutzen kannst.

Natürlich heißt das nicht, jedem Hype blind hinterherzulaufen. Viele neue Tools erscheinen, sind kurz im Gespräch und verschwinden wieder. Wer jedem Trend nachläuft, verliert den Fokus und verzettelt sich. Doch es gibt eine einfache Regel: Tools nicht sofort ins Herz der Organisation stellen, sondern sie in einem sicheren Rahmen testen.

Auch Anna hat inzwischen ihren eigenen Weg gefunden, um mit neuen Tools umzugehen, ohne sich im Chaos zu verlieren. Früher testete sie eine neue Software spontan. Meist zwischen zwei Projekten, oft ohne klaren Plan. Heute folgt sie einem festen Ablauf: »*Wir probieren ein neues Tool vier Wochen lang in einem kleinen Projekt aus*«, sagt sie. »*Danach entscheiden wir, ob es bleibt oder nicht.*«

Auf diese Weise bleibt ihr Unternehmen offen für Innovationen, ohne dass der Alltag darunter leidet. Für Anna ist das der Schlüssel, um neugierig zu bleiben, aber fokussiert zu handeln. Digitalisierung ist für sie längst kein einmaliges Projekt mehr, sondern ein kontinuierlicher Lernprozess.

Das Testen neuer Tools funktioniert besonders gut, wenn es nicht nur von der Führung kommt, sondern auch aus dem Team. Oft sind es Mitarbeiter, die neugierig sind und kleine Entdeckungen machen. Wenn sie die Freiheit haben, solche Ideen einzubringen, entsteht eine Kultur, in der Innovation von allen Seiten getragen wird.

Das Geheimnis liegt darin, Tests nicht ausarten zu lassen. Manche Unternehmen probieren so viele Tools aus, dass am Ende niemand mehr weiß, welches System wofür zuständig ist. Dann entsteht genau der Tool-Dschungel, den du eigentlich vermeiden wolltest. Deshalb braucht es eine klare Regel: nur wenige, bewusst ausgewählte Tests gleichzeitig. Alles andere wartet, bis die aktuellen Versuche ausgewertet sind. Auf diese Weise bleibt der Fokus erhalten, und Innovation wird nicht zur Überforderung.

Ein weiterer Hebel, um Trends im Blick zu behalten, sind Netzwerke und Communitys. Niemand kann allein alle Entwicklungen überblicken. Aber wer sich mit anderen vernetzt, profitiert von deren Erfahrungen. In vielen Branchen gibt es heute Online-Communitys, LinkedIn-Gruppen oder Fachforen, in denen Unternehmer ihre Erkenntnisse teilen.

Du kannst etwa regelmäßig in kleinen Mastermind-Gruppen mit anderen Selbstständigen sprechen. Dort tauschen sie aus, welche Tools sie getestet haben, was funktioniert hat und was nicht. Oft erfahren sie dort Dinge, die ihnen Stunden an Recherche ersparen.

Auch Branchenveranstaltungen oder Webinare sind wertvolle Quellen. Sie bieten nicht nur Informationen, sondern auch den Austausch mit Gleichgesinnten. Oft sind es genau diese Begegnungen, die Abkürzungen eröffnen, die man allein nie gefunden hätte. Netzwerke bieten zudem den Vorteil, Trends besser einzuordnen: Nicht alles, was glänzt, ist Gold. In Communitys bekommst du ein Gefühl dafür, ob ein neues Tool wirklich nützlich ist oder nur Marketing. Du hörst, welche Stolperfallen es gibt, und lernst aus den Fehlern anderer. So sparst du dir nicht nur Zeit, sondern auch Frustration.

Am Ende geht es darum, eine Haltung zu entwickeln, die offen und gleichzeitig fokussiert ist. Offen genug, um neue Entwicklungen wahrzunehmen, aber fokussiert genug, um sich nicht treiben zu lassen. Wer diese Balance findet, bleibt beweglich, ohne ins Chaos zu geraten.

Wenn Anna heute über Zukunftssicherheit spricht, bringt sie es so auf den Punkt: »*Früher dachte ich, zukunftssicher zu sein heißt, ständig auf dem neuesten Stand zu bleiben. Heute weiß ich: Es bedeutet, die richtigen Dinge zur richtigen Zeit aufzugreifen. Und den Rest gelassen liegen zu lassen.*«

Diese Gelassenheit kam nicht über Nacht. Früher wollte Anna jedes neue Tool sofort ausprobieren, um ja nichts zu verpassen. Heute wählt sie bewusst aus. Mit klaren Kriterien und dem Vertrauen, dass nicht jede Neuerung ein Must-have ist. So bleibt sie offen für Innovationen, ohne sich von ihnen treiben zu lassen.

Zukunftssicherheit entsteht nicht durch Perfektion, sondern durch Anpassungsfähigkeit. Wer regelmäßig prüft, welche Entwicklungen relevant sind, kleine Tests wagt und sich mit anderen austauscht, baut eine Resilienz auf, die keine einzelne Technologie gefährden kann. Die Tools werden sich ändern, die Prinzipien bleiben. Und das wichtigste Prinzip lautet: neugierig bleiben, ohne den eigenen Kurs zu verlieren.

## Digitale Resilienz entwickeln

Wenn es um Digitalisierung geht, sprechen viele von Effizienz, Wachstum und Innovation. Doch ein Begriff gewinnt zunehmend an Bedeutung: Resilienz. Gemeint ist damit die Fähigkeit eines Unternehmens, nicht nur von neuen Technologien zu profitieren, sondern auch stabil zu bleiben, wenn sich Rahmenbedingungen ändern. Resilienz ist das Gegengewicht zur Geschwindigkeit der Digitalisierung. Sie garantiert, dass du nicht von jedem neuen Trend abgelenkt wirst, sondern Kurs hältst und flexibel reagierst, wenn es nötig ist.

Flexibel auf Veränderungen reagieren zu können, ist eine Kernkompetenz in einer Welt, in der Tools und Technologien sich ständig wandeln. Flexibilität bedeutet dabei nicht, jedem Trend hinterherzulaufen, sondern offenzubleiben und Alternativen parat zu haben. Wer von Anfang an Szenarien für Wechsel im Blick behält und nicht alles auf ein einziges System stützt, kann auch auf unerwartete Änderungen souverän reagieren.

Resilienz zeigt sich auch im Umgang mit Sicherheit und Datenschutz. Viele kleine Unternehmen unterschätzen dieses Thema, bis etwas passiert. Dabei ist Sicherheit kein Hindernis, sondern die Grundlage für Vertrauen. Kunden erwarten heute, dass ihre Daten professionell behandelt werden. Wer regelmäßig prüft, wo Daten liegen, wer Zugriff hat und wie Passwörter verwaltet werden, reduziert Risiken und gewinnt gleichzeitig Glaubwürdigkeit. Sichere Passwörter, Zwei-Faktor-Authentifizierung und Backups kosten kaum Zeit, schaffen aber enorme Stabilität.

Resilienz bedeutet außerdem, die Balance zwischen Mensch und Maschine zu finden. Digitalisierung und Automatisierung sollen erleichtern, nicht entfremden. Viele Unternehmen merken erst spät, dass Effizienzgewinne verloren gehen, wenn Nähe und Persönlichkeit auf der Strecke bleiben. Wenn etwa jemand seine Kommunikation so stark automatisiert, dass Kunden irgendwann fragen, ob sie überhaupt noch persönlich in Kontakt sind, kann das ein Weckruf sein. Heute kombinieren viele Automatisierungen gezielt mit persönlichen Elementen wie kurzen Sprachnachrichten oder individuellen Kommentaren. Das Fazit könnte lauten: »*Die Technik macht effizient. Aber Vertrauen entsteht nur durch echte Begegnung.*«

Digitale Resilienz bedeutet also nicht, alles der Technik zu überlassen. Es bedeutet, Technik als Werkzeug zu begreifen, das den Menschen unterstützt, nicht ersetzt. Die Kunst liegt darin, zu entscheiden: Wo hilft Automatisierung, und wo braucht es das persönliche Wort, die menschliche Intuition, das Gespür für Zwischentöne? Unternehmen, die diese Balance finden, sind stärker, weil sie Effizienz und Menschlichkeit verbinden.

Digitale Resilienz entsteht aus drei Quellen: der Fähigkeit, flexibel zu reagieren, der Bereitschaft, Sicherheit ernst zu nehmen, und der Balance zwischen Technik und Mensch. Sie ist kein Zustand, den du einmal erreichst, sondern eine Haltung, die du kultivierst. Wer resilient ist, hat keine Angst vor Veränderungen, weil er weiß, dass er vorbereitet ist.

Anna fasst ihre Sicht auf ihr Unternehmen heute so zusammen: »*Ich habe aufgehört, Stabilität mit Stillstand zu verwechseln.*

*Stabil sind wir nicht, weil sich nichts ändert, sondern weil wir Veränderungen aushalten.«*

Dieser Gedanke prägt ihre Arbeit inzwischen mehr als jedes Tool. Früher suchte sie nach festen Strukturen, um endlich Ruhe zu finden. Heute weiß sie: Wahre Stabilität entsteht nicht durch Kontrolle, sondern durch Anpassungsfähigkeit. Digitalisierung hat sie gelehrt, Wandel nicht zu fürchten, sondern ihn als Teil ihrer Stärke zu begreifen.

Zukunftssicher bleibt nicht, wer die perfekte Technologie hat, sondern wer gelernt hat, mit Veränderungen umzugehen. Und diese Fähigkeit ist kein Luxus, sondern eine Notwendigkeit. Gerade für kleine und mittlere Unternehmen, die oft schneller reagieren müssen als große Konzerne. Resilienz bedeutet, nicht nur in guten Zeiten erfolgreich zu sein, sondern auch in herausfordernden Zeiten handlungsfähig zu bleiben.

## Praxisimpuls: Dranbleiben einfach gemacht

Nach den ersten Erfolgen fällt vielen genau das schwer: dranbleiben. Der Alltag kehrt zurück, neue Projekte drängen, und plötzlich ist der gute Vorsatz »*einmal pro Monat Prozesse prüfen*« vergessen.

Auch Anna kannte das. Ein halbes Jahr nach ihrer großen Digital-Offensive merkte sie, dass Routinen wieder wegrutschten: ein Tool-Update übersehen, Automationen pausiert, Daten, die nicht mehr sauber gepflegt werden. »*Ich hatte alles eingerichtet, aber ich pflegte es nicht mehr*«, sagt sie rückblickend.

Also baute sie sich eine einfache Routine, die sie bis heute beibehält:

1. **Ein fixer Digital-Check pro Monat.**
   Jeden ersten Freitag prüft sie: Welche Tools nutze ich wirklich? Wo hakt es? Welche Aufgaben könnte ich automatisieren? Eine halbe Stunde reicht. Aber sie sorgt für Klarheit und ist fix im Kalender geblockt.

2. **Ein Lernmoment pro Quartal.**
   Sie nimmt sich bewusst ein neues Thema vor: ein Tool-Update, ein Webinar, ein Fachartikel. So bleibt sie neugierig, ohne sich zu überfordern.

3. **Ein kleiner Test pro Halbjahr.**
   Statt alles umzukrempeln, testet sie eine neue Lösung gezielt in einem Mini-Projekt. Wenn sie funktioniert, integriert sie diese dauerhaft. Wenn nicht, hakt sie das Experiment ab.

Diese drei Rituale halten ihre Systeme lebendig. So wird Digitalisierung von der Aktion zur Gewohnheit - so selbstverständlich wie jede andere Kernroutine deines Business.

Vielleicht ist das der wichtigste Punkt: Zukunftssicherheit entsteht nicht durch Perfektion, sondern durch Routine. Wenn du Digitalisierung als Teil deines Alltags begreifst, bleibst du automatisch am Ball. Und dein Unternehmen entwickelt sich kontinuierlich weiter.

## Was du mitnehmen solltest

- Die Digitalisierung hat kein Enddatum: Zukunftssicher bleibt, wer Prozesse regelmäßig überprüft und anpasst.
- Kennzahlen statt Bauchgefühl: Antwortzeiten, Durchlaufzeiten und Fehlerquoten machen Fortschritte sichtbar.
- Iterativ statt perfekt: Kleine Verbesserungen summieren sich schneller, als nach der einen großen Lösung zu suchen.
- Trends bewusst testen: Neues in kleinen Pilotprojekten prüfen. Wenige Tests gleichzeitig und danach klar entscheiden.
- Resilienz aufbauen: Sicherheit ernst nehmen und die Balance zwischen Automatisierung und persönlichem Kontakt wahren.

# 9

# Der nächste Schritt beginnt jetzt

# Die echte Veränderung beginnt hier

Am Ende dieses Buches stehen vielleicht zwei Gefühle nebeneinander: Erleichterung, weil viele der Fragen, die dich bisher begleitet haben, nun klarer erscheinen. Und gleichzeitig eine gewisse Unsicherheit, weil sich so viel bewegt und du vielleicht denkst: »*Wo fange ich an?*« Genau an diesem Punkt möchte ich dich abholen. Die Digitalisierung ist kein einmaliges Projekt, das du irgendwann abhaken kannst. Es ist ein Weg, der Schritt für Schritt gegangen wird. Die gute Nachricht: Jeder Schritt zählt. Und schon die ersten bringen spürbare Veränderungen.

Nach einem ihrer Workshops lehnte sich Anna zurück und lächelte. »*Jetzt weiß ich endlich, dass ich nicht alles sofort perfekt machen muss*«, sagte sie, »*ich darf klein anfangen.*«

Vor einigen Jahren fühlte sich Digitalisierung für sie noch an wie ein unüberwindbarer Berg. Zu viele Tools, zu viele Möglichkeiten, zu wenig Klarheit. Heute weiß sie: Es beginnt immer mit einem Schritt. Bei ihr war es damals die chaotische Terminplanung, die sie als Erstes anging.

Aus diesem kleinen Anfang entstand etwas Größeres. Struktur, Leichtigkeit, Vertrauen in ihre Prozesse. Schritt für Schritt verwandelte sich ihr Unternehmen: weniger Hektik, mehr Überblick, mehr Raum für das, was sie wirklich liebt.

Annas Geschichte zeigt, was Digitalisierung im Kern bedeutet. Nicht Perfektion, sondern Bewegung. Nicht Technik, sondern Klarheit. Und die beginnt immer dort, wo man beschließt, endlich loszugehen.

Das Entscheidende ist, in Bewegung zu kommen. Viele verharren zu lange in der Analyse. Sie vergleichen Tools, lesen Erfahrungsberichte, warten auf den perfekten Zeitpunkt. Doch dieser Zeitpunkt kommt nie. Der perfekte Moment ist immer jetzt. Nicht, weil du unvorbereitet starten solltest, sondern weil Klarheit nur durch Handeln entsteht. Erst wenn du ein System ausprobierst, merkst du, ob es passt. Erst wenn du eine Routine digitalisierst, spürst du, welche Wirkung das im Alltag hat.

Fehlgriffe am Anfang sind normal und oft die besten Lehrmeister. Ein Tool, das sich als unpassend herausstellt, zwingt dazu, die eigenen Abläufe genauer zu verstehen und bewusster zu entscheiden, was wirklich gebraucht wird. Fehler sind in diesem Sinne keine Sackgassen, sondern Wegweiser. Digitalisierung ist auch kein starrer Plan, sondern ein Prozess, der sich mit jedem Schritt verfeinert.

Es geht nicht darum, jedes Detail sofort zu verstehen oder die perfekte Strategie zu entwickeln. Es geht darum, ein Umfeld zu schaffen, in dem du und dein Team lernen, sich anzupassen. Digitalisierung ist Bewegung. Und Bewegung entsteht nur, wenn du losläufst.

Ein weiteres Missverständnis ist die Vorstellung, dass Digitalisierung Menschen ersetzt. In Wahrheit geht es darum, den Menschen wieder mehr Raum zu geben. Wenn Tools Routineaufgaben übernehmen, entsteht Zeit für das, was wirklich zählt: die Arbeit mit deinen Kunden, die Gestaltung deiner Angebote, die Weiterentwicklung deines Unternehmens. Viele berichten, dass sie nach der Automatisierung von Standardprozessen endlich wieder an neuen Formaten arbeiten oder längst überfällige Ideen umsetzen konnten. Genau darin zeigt sich, was wir schon früher festgestellt haben: Digitalisierung wirkt nur dann, wenn sie Freiraum schafft. Nicht als Selbstzweck, sondern als Befreiung.

Zukunftssicher wird nicht, wer die »*eine richtige*« Software findet, sondern wer gelernt hat, mit Veränderungen umzugehen. Wer Prozesse regelmäßig überprüft, Neues ausprobiert und anpasst, was nicht mehr passt. Resilienz entsteht nicht durch starre Systeme, sondern durch Offenheit und Lernbereitschaft.

Ich weiß, wie verlockend es sein kann, auf den nächsten großen Trend zu warten. Die nächste App, die nächste KI-Entwicklung, das nächste große Ding. Doch die eigentlichen Wettbewerbsvorteile entstehen nicht, weil du jeden Hype zuerst nutzt, sondern weil du die Grundlagen konsequent lebst: klare Prozesse, ein Team, das mitzieht, und Kunden, die erleben, dass du verlässlich und professionell arbeitest. Trends kommen und gehen. Diese Basis bleibt.

Vielleicht fragst du dich jetzt, ob dein Unternehmen groß genug ist, um all das umzusetzen. Gerade kleine und mittlere Unternehmen haben hier einen Vorteil: Sie sind beweglicher als Konzerne, können schnellere Entscheidungen treffen und Veränderungen direkt umsetzen.

Anna bringt es heute so auf den Punkt: »*Wir sind nur zu dritt im Kernteam. Das ist manchmal anstrengend, aber es bedeutet auch, dass wir innerhalb weniger Tage ein neues System einführen können.*«

Diese Beweglichkeit ist für sie längst kein Nachteil mehr, sondern ein echter Schatz. In Kombination mit klaren Strukturen und den passenden digitalen Werkzeugen ist sie zu einem ihrer größten Wettbewerbsvorteile geworden. Für Anna bedeutet das: klein zu bleiben heißt nicht, begrenzt zu sein, sondern schnell, fokussiert und anpassungsfähig zu handeln, wenn es darauf ankommt.

Über die Jahre hat sie verstanden: Tools sind wichtig, aber sie sind nicht der Kern. Den Unterschied machen Haltung, Klarheit und Konsequenz im Alltag. Genau diese Mischung entscheidet, ob Digitalisierung anstrengend wirkt oder befreiend.

Es gibt keinen perfekten Startpunkt, keine Garantie, keinen fertigen Masterplan. Aber es gibt die Möglichkeit, jetzt zu beginnen. Vielleicht mit der Automatisierung deiner Terminplanung. Vielleicht mit einem neuen Projektmanagement-Tool. Eine einfache Routine, die dir ein paar Stunden pro Woche spart. Entscheidend ist nicht, womit du beginnst. Entscheidend ist, dass du beginnst.

Stell dir vor, wie dein Unternehmen in einem Jahr aussehen könnte, wenn du heute damit anfängst: weniger Stress mit der Administration, mehr Klarheit in den Abläufen und schnellere Reaktionszeiten für deine Kunden. Mehr Raum für das, was dich wirklich antreibt: Menschen begleiten, Wissen weitergeben, Wirkung erzielen.

Am Ende dieses Buches stehst du also nicht vor einem Abschluss, sondern vor einem Anfang. Alles, was du gelesen hast, sind Impulse, Erfahrungen und Werkzeuge. Das nächste Kapitel schreibst du selbst. Mit den Entscheidungen, die du ab sofort triffst.

Also: Warte nicht auf den perfekten Moment. Fang an. Nimm dir einen kleinen Prozess vor, digitalisiere ihn, spüre die Entlastung. Und geh dann den nächsten Schritt. Stück für Stück entsteht so ein Unternehmen, das produktiver, effizienter und konkurrenzfähiger ist. Und vor allem: ein Unternehmen, das dir den Freiraum gibt, das zu tun, wofür du angetreten bist.

## Dein nächster Schritt

Viele Leser nehmen sich nach diesem Buch vor, *»jetzt endlich«* ihre Prozesse zu digitalisieren, und verlieren sich dann wieder im Alltag. Das muss nicht sein.

Wenn du merkst, dass du die Ideen aus diesem Buch umsetzen willst, aber noch nicht genau weißt, wo du anfangen sollst, dann lass uns das gemeinsam klären. In einem kurzen, kostenlosen Strategiegespräch schauen wir, wo du heute stehst, welcher Schritt dir sofort spürbar Entlastung bringt, und wie du mit überschaubarem Aufwand wirklich in Bewegung kommst.

Kein Fachjargon, kein Verkaufsdruck. Nur Klarheit, Struktur und die Sicherheit, den richtigen nächsten Schritt zu gehen.

Melde dich einfach über meine Webseite dafür an:

**www.schilde.eu**

Ein kleiner Schritt, aber der Beginn deines einfach digitalen Erfolgs.

Du musst kein Technikprofi werden. Digital erfolgreich zu sein, heißt auch nicht, immer das neueste Tool zu kennen. Es heißt, dein Unternehmen so zu gestalten, dass du weniger Stress hast, klarer siehst und dich wieder auf das konzentrieren kannst, was du wirklich gut kannst.

Digitalisierung soll dich entlasten, nicht bestimmen. Wenn du das verstanden hast, bist du schon weiter als die meisten Unternehmer.

# Bonus:

# Schnellstart-Hilfsmittel

## Dein 3-Schritte-Aktionsplan

Digitalisierung muss kein Großprojekt sein. Sie beginnt mit drei klaren Schritten, die du in den nächsten 30 Tagen umsetzen kannst. Druck dir diese Seite aus, häng sie an die Wand, und hake die Punkte ab, sobald du sie erledigt hast.

### Schritt 1: Prozesse klären (Woche 1-2)

**Ziel:** Klarheit schaffen, wo du wirklich ansetzen musst.

- Schreibe 2-3 deiner wichtigsten Abläufe auf (z. B. Terminvereinbarung, Rechnungsstellung, Kunden-Onboarding).
- Markiere dabei, wo es gerade hakt oder Zeit verloren geht.
- Notiere, wie dieser Ablauf im idealen Fall aussehen sollte.

**Quick Win**: Starte mit dem Prozess, der dir aktuell am meisten Kopfschmerzen bereitet. Dort spürst du den Effekt sofort.

### Schritt 2: Das richtige Tool wählen (Woche 2-3)

**Ziel**: Ein Werkzeug einführen, das dir messbar Arbeit abnimmt.

- Lege anhand deiner Prozess-Notizen fest, welches Problem du zuerst lösen willst (z. B. bei Terminen, Dokumenten oder Rechnungen).
- Suche dir nur ein einziges Tool, das genau dieses Problem löst.

- Prüfe: Passt es zu deinem Ablauf? Spart es Zeit? Nutzt du es gerne?

**Quick Win**: Fang klein an. Ein Terminbuchungstool oder ein Faktura-Tool sparen sofort mehrere Stunden pro Monat.

## Schritt 3: Dranbleiben & verbessern (Woche 4 und darüber hinaus)

**Ziel:** Routinen etablieren und Stück für Stück ausbauen.

- Mach dein neues Tool zum Standard (z. B. alle Termine nur noch über den Buchungslink).
- Überprüfe nach 2-3 Wochen: Was läuft schon besser? Wo gibt es noch Reibung?
- Plane gleich den nächsten kleinen Schritt (z. B. Ablage in der Cloud, CRM-System für Kundenübersicht).

**Quick Win**: Blocke dir 30 Minuten pro Woche für einen *»Digitalisierungs-Check«*. So bleibst du dran, ohne überfordert zu sein.

Du kannst dazu initial, wenn du möchtest, auch meinen kostenlosen **KI-basierten Digitalisierungs- Quick-Check** nutzen.

https://www.schilde.eu/r/CWh

Scanne einfach den QR-Code oder tippe die Adresse in deinen Browser ein, um die Seite zu öffnen.

## Ergebnis

Nach 30 Tagen hast du deine ersten Abläufe verschlankt, ein Tool produktiv im Einsatz und eine Routine, die dir hilft, dich kontinuierlich weiter zu verbessern.

So entsteht Schritt für Schritt ein Unternehmen, das produktiver, effizienter und konkurrenzfähiger wird und dir mehr Freiraum gibt für das, was wirklich zählt.

# Prozess-Mapping-Vorlage

## Wozu?

Viele Probleme entstehen, weil Abläufe nur im Kopf existieren. Mit diesem Raster machst du deine Prozesse sichtbar. So erkennst du unnötige Umwege und findest Stellen, an denen ein Tool oder eine Automatisierung sofort Entlastung bringt.

## Anleitung

- Wähle einen Kernprozess (z. B. Kunden-Onboarding).
- Trage die Schritte in der Reihenfolge ein.
- Ergänze, wer beteiligt ist und welche Tools/Dokumente genutzt werden.
- Markiere Engpässe mit einem ▲.

## Vorlage

| Schritt | Wer ist beteiligt? | Welche Tools / Dokumente? | Problemstellen | Optimierungsidee |
|---|---|---|---|---|
| 1. Anfrage erhalten | Inhaber | E-Mail | ▲ Anfragen gehen manchmal unter | Kontaktformular mit Auto-Reply |
| 2. Termin abstimmen | … | … | … | … |
| … | … | … | … | … |
| … | … | … | … | … |

**Direkter Nutzen:** Schon nach dem ersten Prozessmapping siehst du glasklar, wo du Zeit verlierst und wo Digitalisierung den größten Hebel hat.

# Tool-Auswahl-Matrix

## Wozu?

Viele Unternehmer kaufen Tools nach Bauchgefühl und landen im Tool-Dschungel. Mit dieser Matrix vergleichst du Optionen strukturiert und entscheidest bewusst.

## Anleitung:

- Liste 2-3 Tools auf, die du für einen Prozess in Betracht ziehst.
- Lege für jedes Kriterium eine Gewichtung von 1 bis 10 fest. Die Summe aller Gewichte soll 10 ergeben. So zeigst du, welche Kriterien dir am wichtigsten sind.
- Bewerte dann jedes Tool mit 1-5 Punkten. Multipliziere deine Bewertung mit der Gewichtung und addiere alle Werte. Das Tool mit der höchsten Summe passt am besten.

## Vorlage (Raster):

| **Kriterium** | **Gewicht (1-10)** | **Tool A (1-5)** | **Tool B (1-5)** | **Tool C (1-5)** |
|---|---|---|---|---|
| Passt zu meinen Prozessen | 4 | 4 (16) | 5 (20) | 3 (12) |
| Einfach nutzbar | 3 | 3 (9) | 4 (12) | 5 (15) |
| Spart mir Zeit | 2 | 5 (10) | 3 (6) | 4 (8) |
| Preis-Leistung | 1 | 3 (3) | 4 (4) | 2 (2) |
| **Gesamt-punktezahl** | 10 | **38** | **42** | **37** |

**Direkter Nutzen:** Du entscheidest rational, statt nach Marketing-Versprechen, und vermeidest teure Fehlkäufe.

## Beispiel-E-Mail-Automation

### Wozu?

Viele Kunden springen ab, weil ihre Anfrage unbeantwortet bleibt. Mit einer einfachen Auto-Reply-Mail stellst du sicher, dass **sofort eine Rückmeldung** hinausgeht. Professionell, zuverlässig und persönlich.

### Anleitung

- Lege in deinem Mail-Programm oder CRM-System eine automatische Antwort an.
- Passe die Texte in den eckigen Klammern [ ] an dein Unternehmen an.
- Teste die Mail mit einer eigenen Anfrage.

## Vorlage (Beispiel-Text)

```
Betreff: Vielen Dank für Ihre Anfrage!

Hallo, [Vorname].

Vielen Dank für Ihre Nachricht und Ihr
Interesse an [deinem Angebot].
Wir melden uns in der Regel innerhalb von
[Zeitraum, z.B. 24 Stunden].

Damit Sie gleich einen ersten Eindruck
bekommen, finden Sie hier weitere
Informationen:
[Link zu Website, PDF oder Buchungsseite]

Falls Sie sofort einen Termin vereinbaren
möchten, nutzen Sie einfach diesen Link:
[Buchungstool-Link]

Ich freue mich darauf, Sie bald
kennenzulernen.

Herzliche Grüße
[Dein Name]
[Unternehmen]
```

**Direkter Nutzen:** Kunden fühlen sich sofort wertgeschätzt. Du verlierst keine Anfragen mehr und gewinnst Zeit, bevor du individuell antwortest.

# Digitalisierung ohne Angst: Was du wissen solltest (und was nicht)

Viele Menschen verbinden Digitalisierung mit Unsicherheit. Mit Fragen wie: Wo soll ich anfangen? Was, wenn ich etwas falsch mache? Und manchmal auch mit dem stillen Gedanken: Das ist nichts für mich.

Wenn du dich darin wiedererkennst, bist du nicht allein und du liegst damit auch nicht falsch. Denn die Angst kommt nicht von der Technik, sondern von der Vorstellung, alles sofort verstehen zu müssen. Doch das ist nicht nötig.

Was du wissen solltest:

- Du brauchst kein digitales Vokabular, um digital zu führen.
- Du brauchst Klarheit darüber, was du erreichen willst.
- Wenn du weißt, welche Probleme du lösen willst, findest du die passenden Werkzeuge fast von selbst.

Was du nicht wissen musst:

- Wie jeder Server funktioniert.
- Welche App in zwei Jahren Marktführer ist.
- Oder wie man eine API verbindet.

Das dürfen andere für dich wissen. Deine Aufgabe ist es, die Richtung zu halten. Nicht den Code zu schreiben.

Digitalisierung ist kein Maßstab für Modernität, sondern ein Werkzeug für Ruhe, Struktur und Wirkung. Sie schenkt dir Zeit für das, was dich antreibt: Menschen, Qualität, Sinn.

Und ja, sie darf einfach sein.

Du darfst Fehler machen, ausprobieren, wieder verwerfen.

So lernen Unternehmen. So lernst auch du.

Wenn du an diesem Punkt im Buch angekommen bist, hast du bereits das Wichtigste verstanden:

Digitalisierung beginnt nicht mit Tools, sondern mit Haltung. Mit der Entscheidung, offenzubleiben und nicht stehenzubleiben.

Du musst nichts perfekt können. Du musst nur bereit sein, Schritt für Schritt dazuzulernen.

Und wenn du das tust, bist du längst digital unterwegs. Auf deine eigene, persönliche und menschliche Weise.

# Glossar

**All-in-One-Lösung:** Eine Software, die mehrere Aufgaben gleichzeitig abdeckt, zum Beispiel Rechnungen schreiben, Projekte verwalten und Kommunikation bündeln.

**API (Programmierschnittstelle):** Eine digitale Verbindung, über die Programme automatisch miteinander Daten austauschen können.

**Automatisierung:** Das Einrichten von Abläufen, die ohne manuelles Zutun im Hintergrund ablaufen, zum Beispiel Terminbestätigungen oder Rechnungsversand.

**Automatisierungstool:** Software, die wiederkehrende Schritte, etwa E-Mails, Rechnungen oder Datenübertragungen, im Hintergrund automatisch erledigt.

**B2B (Business-to-Business):** Geschäftsbeziehungen zwischen Unternehmen, also nicht direkt an Endkunden gerichtet.

**Backup:** Eine Sicherheitskopie wichtiger Daten, damit sie bei einem technischen Problem wiederhergestellt werden können.

**Best-of-Breed:** Der Ansatz, für jede Aufgabe das jeweils beste spezialisierte Tool zu wählen, statt eine All-in-One-Lösung zu nutzen.

**Big Bang:** Eine Vorgehensweise, bei der ein neues System oder eine Software vollständig und auf einmal eingeführt wird. Im Gegensatz zu einer schrittweisen, gestaffelten Umsetzung.

**Change-Management:** Ein strukturierter Prozess, mit dem Veränderungen im Unternehmen geplant, begleitet und umgesetzt werden.

**Cloud / Cloud-Speicher:** Online-Speicherplatz, auf den man von überall aus zugreifen kann, um Dateien sicher abzulegen oder gemeinsam zu bearbeiten.

**CRM-System (Customer Relationship Management):** Eine Software zur Verwaltung von Kundenkontakten, Angeboten, Kommunikation und Projekten.

**CSV-Datei:** Eine einfache, tabellenähnliche Textdatei, mit der sich Daten unkompliziert zwischen Programmen austauschen lassen.

**Dashboard:** Eine Übersichtsseite, auf der die wichtigsten Zahlen, Aufgaben oder Fortschritte auf einen Blick sichtbar sind.

**Datenqualität:** Der Grad, zu dem gespeicherte Informationen vollständig, korrekt und aktuell sind. Die Grundlage für verlässliche Auswertungen.

**Datenschnittstelle:** Eine digitale Verbindung, über die Programme automatisch Informationen austauschen (ähnlich wie eine API).

**Delegation:** Das bewusste Übertragen von Aufgaben an andere Personen. Im Gegensatz zur Automatisierung, bei der sie technisch erledigt werden.

**Digitalisierung:** Das Überführen analoger Abläufe in digitale Systeme, um sie einfacher, schneller und effizienter zu gestalten.

**Digitale Resilienz:** Die Fähigkeit eines Unternehmens, auch bei technischen oder organisatorischen Veränderungen stabil und handlungsfähig zu bleiben.

**Digitalisierungsgrad / digitale Intensität:** Ein Maß dafür, wie stark ein Unternehmen bereits digitale Technologien einsetzt.

**E-Rechnung (elektronische Rechnung):** Eine strukturierte, maschinenlesbare digitale Rechnung, die gesetzlichen Vorgaben entspricht. Kein normales PDF.

**Engpass:** Eine Stelle im Arbeitsablauf, an der besonders viel Zeit oder Energie verloren geht.

**Enterprise-Lösung:** Eine umfangreiche, oft komplexe Software, die für große Unternehmen mit vielen Nutzern und spezialisierten Anforderungen entwickelt wurde - meist leistungsfähig, aber aufwendig in der Einführung und Pflege.

**Feedbackschleife:** Eine regelmäßige Rückmeldung oder Besprechung, um Erfahrungen auszutauschen und Abläufe gezielt zu verbessern.

**FinanzOnline / Elster:** Offizielle Online-Portale der Finanzämter in Österreich bzw. Deutschland zur elektronischen Übermittlung von Steuerdaten.

**Funnel:** Ein digitaler »*Trichter*«, der Interessenten Schritt für Schritt vom ersten Kontakt bis zum Kauf führt.

**Interoperabilität:** Die Fähigkeit verschiedener Systeme oder Tools, nahtlos miteinander zu funktionieren und Daten auszutauschen.

**Iterativ / iterative Verbesserung:** Vorgehen in kleinen Schritten: ausprobieren, anpassen, verbessern und wiederholen.

**Kennzahl (KPI):** Eine messbare Zahl, mit der Fortschritt, Effizienz oder Erfolg sichtbar gemacht werden.

**KI (Künstliche Intelligenz):** Software, die Muster erkennt und daraus Texte, Analysen oder Vorschläge erzeugt, zum Beispiel ChatGPT.

**KI-gestützt:** Von künstlicher Intelligenz unterstützt, also teilweise automatisiert oder datenbasiert gesteuert.

**Kunden-Onboarding:** Der strukturierte Einstieg eines neuen Kunden von der Begrüßung bis zur Bereitstellung aller wichtigen Informationen.

**Log-in:** Der Anmeldevorgang, mit dem du dich mit Benutzername und Passwort bei einem digitalen Dienst einloggst.

**Monitoring:** Das laufende Beobachten und Auswerten von Prozessen oder Kennzahlen, um rechtzeitig Verbesserungen vorzunehmen.

**No-Code / Low-Code:** Plattformen, mit denen man digitale Anwendungen oder Workflows erstellen kann, ohne selbst zu programmieren.

**Onboarding:** Der strukturierte Start neuer Kunden oder Mitarbeiter, um sie Schritt für Schritt in Abläufe und Systeme einzuführen.

**Open Source:** Software, deren Quellcode offen und frei nutzbar ist. Oft gemeinschaftlich weiterentwickelt.

**Pareto-Prinzip (80/20-Regel):** Die Erkenntnis, dass 20 Prozent der Ursachen meist 80 Prozent des Ergebnisses bewirken. Ein Leitprinzip für Prioritäten.

**Passwortmanager:** Ein digitales Schließfach, das alle Passwörter sicher verwaltet und automatisch einsetzt. Oft können diese auch mehr als nur Passwörter sicher speichern wie etwa Sozialversicherungsnummer, Bankverbindungen, etc.

**Pilotprojekt:** Ein kleiner, begrenzter Testlauf, um neue digitale Prozesse oder Tools auszuprobieren, bevor sie flächendeckend eingeführt werden.

**Prompt / KI-Prompt:** Die Eingabe oder Anweisung, die du einer KI gibst, um eine gewünschte Antwort zu erhalten.

**Prozessmapping:** Das Sichtbarmachen von Abläufen auf Papier oder digital, um Schwachstellen und Verbesserungsmöglichkeiten zu erkennen.

**Prozess-Review:** Eine regelmäßige Überprüfung, ob Arbeitsabläufe noch sinnvoll, effizient und aktuell sind.

**Quick Win:** Eine kleine Maßnahme mit sofort spürbarem Nutzen oder Zeitgewinn.

**Rollout:** Die offizielle Einführung eines neuen Systems oder Prozesses, nachdem es zuvor getestet wurde.

**Routine:** Eine sich wiederholende Aufgabe oder Handlung, die zur Gewohnheit geworden ist.

**Schnittstelle:** Die Verbindung zwischen zwei Programmen oder Systemen, über die Informationen automatisch weitergegeben werden.

**Skalierung:** Die Fähigkeit, ein Unternehmen zu vergrößern oder mehr Kunden zu bedienen, ohne dass der Aufwand im gleichen Maß steigt.

**Stack (Tech Stack):** Die Kombination mehrerer digitaler Tools oder Softwarelösungen, die gemeinsam die wichtigsten Geschäftsprozesse abbilden - zum Beispiel für Marketing, Kommunikation und Verwaltung.

**Standardisierung:** Das Festlegen einheitlicher Vorgehensweisen für wiederkehrende Aufgaben, um Klarheit und Qualität zu sichern.

**Tool:** Ein digitales Werkzeug, das eine bestimmte Aufgabe erleichtert oder automatisiert.

**Tool-Dschungel:** Die unüberschaubare Vielfalt an verfügbaren digitalen Tools, die oft eher verwirrt als hilft.

**Transparenz:** Die Nachvollziehbarkeit von Informationen, Zuständigkeiten und Entscheidungen für alle Beteiligten.

**Usability:** Die Benutzerfreundlichkeit - also, wie einfach und angenehm sich eine Software bedienen lässt.

**Vendor Lock-in (Anbieterbindung):** Die Abhängigkeit von einem Software-Anbieter, bei der ein Wechsel zu einem anderen System schwierig oder teuer wird.

**Workflow:** Eine klar definierte Abfolge von Arbeitsschritten, die digital gesteuert oder automatisiert ablaufen kann.

**Zwei-Faktor-Authentifizierung (2FA):** Eine zusätzliche Sicherheitsebene beim Log-in, z. B. durch einen Code per App oder SMS neben dem Passwort.